# 新时代物流管理与发展研究

孙统超 著

延邊大學出版社

图书在版编目（CIP）数据

新时代物流管理与发展研究 / 孙统超著. -- 延吉 : 延边大学出版社, 2021.11

ISBN 978-7-230-02356-6

Ⅰ. ①新… Ⅱ. ①孙… Ⅲ. ①物流管理—研究 Ⅳ. ①F252.1

中国版本图书馆CIP数据核字(2021)第224595号

新时代物流管理与发展研究

著　　者：孙统超
责任编辑：金钢铁
封面设计：王　朋
出版发行：延边大学出版社
社　　址：吉林省延吉市公园路977号　　邮编：133002
网　　址：http://www.ydcbs.com
E-mail：ydcbs@ydcbs.com
电　　话：0433-2732435　　传真：0433-2732434
发行部电话：0433-2733056
印　　刷：北京宝莲鸿图科技有限公司
开　　本：787 毫米×1092 毫米　1/16
印　　张：9
字　　数：232千字
版　　次：2022年3月第1版
印　　次：2022年3月第1次印刷
ISBN 978-7-230-02356-6

定价：58.00元

# 前　言

随着电子商务的兴起，物流行业获得了较强的推动力，并呈现出全新的发展趋势。在物流行业发展领域，企业要在具体的管理模式上进行合理的创新，从而优化物流行业发展环境，助力电商等网络事业蓬勃发展。对此，本书就当前国内物流领域核心的管理模式进行了分析，并结合行业未来发展趋势积极探索具体的创新举措，以期为推动物流行业整体实现创新性发展提供重要的行动参考。目前，在具体实施物流管理工作的过程中，企业需要结合当前的市场发展需求，就具体的管理模式深入探寻，并本着创新性发展的原则提出科学的战略举措，从而助力物流行业在新环境下长远发展。

在物流企业的发展过程中，传统的管理制度和发展理念都落后于时代，对新技术和信息化没有清晰的认识，缺乏一定的创新理念。很多传统的物流企业并不具备标准化的物流信息系统，在很多方面未能实现信息化，导致对货物运输过程缺乏有效的信息跟踪，增加了运输中的风险，效率也未能达到现在的信息化配送标准。

随着物流产业不断发展，物流管理人才的需求在不断加大，但许多企业缺少信息化技术人才，使物流企业在信息化发展过程中遇到的问题不能得到有效解决，人才的缺乏成为物流企业信息化发展的阻碍。

近年来，随着互联网经济高速发展，我国物流业也不断发展，但是有关的政策和法规、条例并未及时修订。想要促进物流业信息化发展，需要政府部门根据物流业发展的特点，完善相关法律法规，加强市场管理和财政支持，同时加强信息化管理体系建设，建立政府部门与企业间的有效沟通渠道。

# 目 录

# 第一章　新时代物流管理的理论研究

## 第一节　新时代物流管理概述

随着电子商务的兴起，物流行业被推动发展，呈现出全新的发展趋势。在物流行业发展领域中，企业要在具体的管理模式上进行合理的创新，从而进一步优化物流行业发展环境，助力电商等网络事业实现蓬勃发展。本节就当前国内物流领域核心的管理模式进行了分析，并结合未来发展趋势探索具体的创新举措，从而为推动物流行业整体性创新性发展提供重要的参考。

就目前而言，在具体实施物流管理工作的过程中，企业需要结合当前的市场发展需求，就具体的管理模式进行深入探寻，并本着创新性发展的原则提出科学的战略举措，从而助力物流行业在新环境下长远发展。

### 一、国内企业核心物流管理模式

#### （一）自营物流

该模式比较普遍，具体指企业以承包的方式就物流运输链进行自主建设与管理，从而实现运输和配送。企业在整个物流体系中发挥着重要的支撑作用，在具体开展相关物流工作的过程中，要有效控制与其他企业之间的合作，从而实现对成本与其他风险的控制。该模式在实际运行过程中存在着一定的不利因素，即对企业自身在客户人群方面的储备要求相对比较严格，需要企业具备比较庞大的人际关系网，只有这样才能够规范地开展物流工作。

#### （二）第三方物流

在企业内部具体开展相关物流管理工作的过程中，第三方物流也是一种功能特点比较突出的模式。也就是说寻找第三方公司并建立起良好的合作关系，通过彼此之间的协调配合共同完成物流运输。同样，该物流模式既存在一定优势，也存在一些缺点。优势在于能够支撑业务的拓展，尤其是对中小型企业的发展来讲所呈现的促进作用比较突出；但同时在实践运用的过程中也存在着明显的缺点，主要表现为合作的过程中在信誉方面呈现出一定的风险隐患。

### （三）物流联盟

在具体物流模式的应用过程中，物流联盟所呈现的功能性和优越性比较突出，其在以往原始物流模式的基础上进行了有效的升级处理，既能够保证适用环境的宽泛，也能够突出整体的功能效果。物流联盟是指经营范围和属性相同的企业在运营目标和思想上达成一致，并确定具体的发展目标，各企业通过彼此之间的有效配合构建完善的物流体系，达到合作共赢的发展目的。

以上三种物流模式都具有独特的功能，在适用条件以及所呈现的效果上也存在着一定的差异。企业在实际选择的过程中需要做好组织规划，并在物流管理的过程中，对具体的工作举措进行创新，从而保证构建的管理体系在内容上覆盖更加全面，助力物流管理实现长远的发展。

## 二、国内企业物流管理模式的创新举措

### （一）将客户放在中心位置

在对具体物流管理模式进行创新的过程中，需要在具体的思想观念上做出革新，强调以客户为中心的思想，并在此基础上对更先进的管理模式进行创新性探索。首先，需要针对当前的物流市场环境进行全面调研，具体分析客户在物流方面的实际需求，对物流体系的发展方向精准定位。同时，在调研的过程中也应及时发现物流管理工作中存在的问题，包括技术设置和功能模块方面。其次，要加强技术手段的创新，将先进的信息技术有效地引入物流管理工作，在此基础上对具体的工作体系进行创新与优化，从而为客户提供良好的物流服务。另外，在进行物流模式创新与管理的过程中，需要做好跟踪性管理，也就是说要在先进技术的辅助下对物流信息进行跟踪，并及时反馈给客户，以便双方所掌握的物流信息具有一致性，从而提高物流服务的整体水平，使企业的物流服务在市场中呈现出较强的影响力。

### （二）内部实施灵活性改革

在围绕物流管理模式进行革新的具体过程中，需要从内部着手就具体的管理体制进行创新。首先，需要明确国家针对物流行业提出的相关战略，确定今后的发展方向以及具体的革新目标。其次，以此为导向深入分析目前企业在物流管理方面存在的问题，包括在思想理念、管理模式和工作体系等方面存在的问题，并对具体的工作体系进行完善与优化，从而保证构建的物流管理工作环境更加规范，全面提高企业在物流管理方面的综合水平。在内部体制有效建设的过程中，需要针对具体的工作流程进行合理规范，确定具体的物流

管理标准，并要针对工作人员进行规范性培训与考核，结合目前在物流管理方面的创新方案合理地制定培训方案，对具体的工作机制进行完善与优化，从而突出物流管理工作的整体实效。

### （三）加强完善互联网物流中心建设

在全面创新实施物流管理的过程中，企业需要跟随时代脚步加强互联网技术的应用，在此基础上对物流管理中心进行完善，从而保证构建的管理体系的功能更加丰富、全面。借助互联网构建物流信息跟踪服务体系，对物流运输的具体信息进行跟踪，并及时反馈给客户，从而保证信息传递更加精准，也能够全面提高在物流服务方面的客户满意度。同时，可以在互联网技术的支撑下对物流运输环境进行智能监控，做好路线监控，以便及时规避物流运输期间出现的货物丢失等不良风险。在建设互联网物流中心的过程中，需要加强物流经验和技术体系共享，相关企业之间应建立有效合作，对具体的物流服务体系和覆盖面进行拓展与优化，让企业之间通过有效合作能够实现物流成本的有效控制，助力企业在完善的物流体系支撑下实现业务的有效拓展，获得良好的市场环境，真正做到长远发展，促进经济效益全面提高。

依前所述，国内物流行业发展十分迅猛，在不断拓展和开发业务的同时，相关企业针对物流的具体管理模式进行有效革新，进一步完善内部管理机制，并在互联网的支撑下对具体的管理中心进行完善，保证所打造的物流管理模式在功能上更加全面，所呈现的效果也更加显著。

## 第二节　智能仓储物流管理

仓储环节在现代物流业中起着连接供应链上下游的作用，目前传统的仓储管理技术面对现代物流业的飞速发展已显得力不从心。本节以提高制造业仓库管理水平、管理精细度和运行效率为前提，结合 RFID（无线射频识别）技术，以栈板作为产品入库载体，采用栈板 RFID 标签与产品外包装货箱 RFID 标签关联的方式，在入库、出库、盘点、转仓、移库等环节，实现信息自动采集、核对及纠错，同时实现信息流和实物流的统一。

随着物流业的快速发展，缺货与爆仓等问题不断涌现，传统的仓储技术与现代物流业的发展已出现脱节。在“互联网 +”战略的带动下，我国仓储管理发展将突破瓶颈，仓储物流体系将逐步与云计算、大数据等新一代互联网技术深度融合，朝着数字化、智能化的方向迈进。因此，研究智能仓储物流管理系统具有重要的意义。

# 一、我国仓储物流管理现状

## （一）机械化与信息化水平有所提高

从机械化角度来看，以叉车、托盘、货架为代表的仓储装备在大中型仓储企业的应用状况良好。我国仓储业机械化作业率达 40% 以上，管理信息化达到 55% 以上。从信息化角度来看，我国仓储业正在向智能仓储与利用互联网平台方面转化。条形码、智能标签、RFID 等自动识别标识技术、可视化及货物跟踪系统、自动或快速分拣技术，在专业仓储企业应用比例均有较大的提高。同时，我国自动化仓储物流仍存在物流成本高、企业规模小、自动化技术普及程度低等问题。

## （二）新兴仓储领域快速发展

在提高用户体验、提升配送效率方面，电商企业一方面加快自建物流设施，另一方面“对外开放”仓储资源；同时，在市场推动下，仓储领域的技术和服务水平得到快速提高。

## （三）仓储企业转型升级取得初步成果

经营模式方面，我国仓储企业正在不断完善相关服务配套设施、转变企业经营模式，努力实现仓库空间利用率最大化，并向各种类型的配送中心发展；在发展方向上，我国仓储企业通过并购重组、延伸产业服务链等方式，实现了仓储向网络化与一体化服务方向的转变。

## （四）智能仓储行业市场规模分析

据不完全统计，2016 年仓储行业企业数量达 5.2 万家，其中累计建成的自动化立体仓库超过 3 000 座。从行业供应方面来看，2016 年仓储行业新增固定资产规模达 5 885.1 亿元，同比增长 22.5%，年复合增长率达 34.5%。从市场需求方面看，2016 年智能仓储市场规模达 519.4 亿元，2013—2016 年智能仓储市场规模年均复合增长率达 17%。

随着制造业、商贸流通业外包需求的释放和仓储业战略地位的加强，中国经济的持续健康发展和中国物流业的崛起为仓储业的发展提供了巨大的市场，未来的智能仓储存在巨大的市场需求，预计未来 5 年内，智能仓储市场规模将超过 900 亿元。

# 二、仓储物流管理智能化

智能仓储物流综合解决方案为各种物流企业提供采购、运输、储存、装卸、搬运、包装、分拣、配送、货物管理、资金管理等专业化服务。方案主要由车机、平台、服务等三部分组成，通过安装在车辆上的专业设备，提供精准的车辆位置、接收调度信息，为车辆提供高精度导航、驾驶辅助等功能。平台主要提供整个系统运行的各种软件应用，包括财务、配送、分拣等环节。

## （一）基于物联网平台的 RFID 技术

RFID 技术具有非接触式、大容量、快速、高容错、抗干扰、耐腐蚀和信息识别安全可靠等特点，在智能物流仓储管理系统中得到了很好的应用。

根据对实际仓储管理流程的分析，基于 RFID 的物流仓储管理系统应满足以下几个方面的需求：

（1）通过货品的存储与管理满足企业提高响应能力和效益的目标。

（2）规范业务流程，实现存储、出入库、盘点、拣货多环节的自动化的要求。畅通的业务流程是保障高响应能力和高效仓储管理的基础，需要采用科学的管理流程及组织结构使其管理具备优化、无冗余、并行作业等特点。要提高货品查询的准确性，加快货品出入库速度，从而增大库存中心的吞吐量。

（3）减少管理人员的工作量，提高工作效率。

（4）实现过程管理可视化、仓储信息可视化。可视化的库存管理能够及时、准确地掌握物品的位置、状况、活动等信息，实现库存信息自动化收集及供应的及时辅助决策，进而实现库存管理的无纸化作业，提高仓库管理的水平和质量。目前可视化已经成为供应链管理中比较重要的一个方面。

## （二）业务流程

智能仓储物流系统的核心是每件货物都配备电子标签，同时在仓库各入口的通道处设置 RFID 读写器，读写器可通过货物上的电子标签获得货物的相关信息。同时，库内各货架之间以及出库通道内部也设置相关数量的 RFID 手持终端以及无线车载数据终端，用以追踪货物在库内以及出库时的相关信息，从而实现从入库开始的自动识别、定位、输送、存取、出库等全部作业过程的信息化管理。

### 1. 入库流程

（1）通过仓储管理信息系统获取入库作业指令，了解入库时间、送货车辆牌号、物品清单等有关资料信息。

（2）根据入库物品情况选择仓库，进行物品库区和储位分配，做好接货时间、人员、接货地点和装卸设备的预入库准备。

（3）物品进入待检区后，相关的 RFID 读写器将读取电子标签中的信息，将实际入库信息与预入库信息进行比较，判断验证电子标签信息与入库物品信息是否相符。如果相符，系统将按最佳的存储方式自动分配库位，并把具体位置信息发送至无线数据终端，叉车司机可获取相关信息；若不相符，系统则输出提示信息，并将错误信息发送至相关业务部门加以解决。

（4）根据无线数据终端提供的信息，叉车司机运送物品到指定的位置，同时通过手持式读写器核对，位置信息无误后把货物送入相关库位。

（5）入库业务处理结束后，工作人员可通过手持 RFID 读写器将相关数据传送至数据库。

2. 盘点流程

（1）根据相关计划选择要盘点的库区、仓库，制定盘点表，生成盘点清单。

（2）堆垛机需要定位到指定货位，在无线网络环境里，通过 RFID 读写器读取相关数据，同时将盘点数据传送到信息系统，据此计算出每个货位上货物的统计数量与盘点数量的差异。

（3）进行库存浏览、货物库存分布查询、库存调整管理和货物储位分析等。

3. 出库流程

（1）通过仓储管理系统获取出库作业指令，了解出库时间、接货车辆牌号、物品清单等有关资料信息，制定出库计划表，编制出库单。

（2）出库单信息传送至叉车车载终端，引导司机至指定库位，通过手持读写器系统确认库位正确无误后，从库位上获取货物。

（3）分拣。叉车将相关货物送至自动分拣设备，自动识别装置在货物传送过程中通过 RFID 标签自动识别并确认客户订单，将相关货物发送到相应的包装线上进行包装以及封口。

（4）出库验证。在出库口，通过手持移动设备扫描验证货物上的相关信息，核对无误后准许出库、装车作业。装车时如有货损情况发生，立即向相关单位的业务部门通报，并按要求进行处理，电子标签中的数据也将同步更新。

## （三）系统架构

1.C/S 结构

客户端 / 服务器（Client/Server，C/S）结构分为客户端和服务器两层，该结构可以充分利用两端硬件环境的优势，将任务合理分配到客户端和服务器端，降低系统开销。通过把应用软件的计算和数据合理地分配在客户端和服务器两端，可以有效降低网络通信量和服务器运算量。对于用户请求，如果客户端能够满足就直接给出结果；反之，则需要交给服务器来处理。因此，该模式可以均衡事务的处理，充分保证数据的一致性。

2.B/S 结构

B/S（Browser/Server）结构由浏览器、Web 服务器、数据库服务器 3 个层次组成。该结构的核心部分是 Web 服务器，它负责接收远程的超文本传输协议（HTTP）查询请求，然后根据查询的条件到数据库服务器获取相关数据，再将结果翻译成超文本置标语言（HTML）和各种页面描述语言，传送回提出查询请求的浏览器。同样浏览器也会将更改、删除、新增数据，记录描述语言的请求、申请并传至Web服务器，由后者与数据库联系完成这些工作。

由于C/S结构的安全性比B/S结构好，因此仓储管理系统内部主要采用C/S结构，B/S结构主要用于仓储管理系统与外部信息的交互，公共信息的查询和发布等。

总之，智能仓储管理系统能通过货架RFID标签和地埋RFID标签实现精确到库位的管理，并实现快速、轻松的理货及实时盘点，通过上下架策略优化仓库空间利用率、提高周转率，通过叉车RFID设备、RFID手持机、RFID出入库门禁读写设备、电子看板和各类报表实现仓库管理的过程可视化和信息可视化，最终达到仓库管理流程标准化、可视化、精细化、智能化、统一化。

## 第三节　逆向物流管理

随着社会经济飞速发展，市场竞争也变得越来越激烈，由此也带动了很多新兴产业的发展，特别是物流业的发展最为迅速。但在物流管理方面，我们把重点过多地放在了正向物流方面，却忽视了逆向物流管理。本节从我国逆向物流管理的现状出发，深入分析我国逆向物流管理中存在的问题，并提出促进我国逆向物流管理发展的对策。

在我国，物流管理是一个潜力很大的产业，逆向物流则是物流管理的重要组成部分。目前，逆向物流还处在起步阶段，社会各界对逆向物流的价值及重要性认识不足，对逆向物流不够重视，导致企业在实践中物流成本增加，严重影响了发展。因此，我们应该充分认识逆向物流的经济价值和社会价值，更好地完善物流管理体系。

### 一、我国逆向物流管理当中存在的问题

#### （一）对逆向物流认识和重视不够

一个完整的物流概念是由正向物流和逆向物流两个方面组成的，在物品的流通环节中，涉及逆向物流是正常的现象，但我国的物流管理在逆向物流管理及运作方面都不够成熟。随着市场竞争加剧，消费者多重选择的现状促使逆向物流得到了关注和发展，但有些企业没有认识到逆向物流管理的重要性和复杂性，产品售出后责任意识淡薄，对逆向物流的管理不重视，甚至认为逆向物流造成了资源的浪费和成本的增加，这种陈旧的观点使这些企业在处理产品的逆向物流时只投入了很少的时间和精力。

### （二）逆向物流缺乏规范化管理

逆向物流管理运作的复杂性及其实施的风险性，导致国内的物流市场存在较多操作不规范和程序不合理的现象。我国的物流管理还处于起步阶段，没有相应的法律法规对逆向物流管理中的行为进行有效的约束，逆向物流市场具有自发性和盲目性，这直接导致了逆向物流中出现如运输效率降低等问题，进而造成了企业经济上的亏损和市场混乱。例如在逆向物流过程中，正向物流和逆向物流都由相同的人员负责，这种不规范的管理很容易导致人员在工作中出现失误和差错，随之对货物的跟踪和相关信息传递产生影响。

### （三）逆向物流信息系统的缺乏

在逆向物流管理中，信息技术起着至关重要的作用，而现有的逆向物流信息系统并不完善。例如在实际操作过程中，现有的逆向物流信息系统没有对繁杂无序的相关数据进行整理和分类的功能，只是简单地收集和存储数据，无法通过数据分析快速有效地找到问题的关键，这也使信息在传递中容易出现错漏，导致退货积压、经营成本增加等情况的发生。因此，完善逆向物流信息系统是逆向物流服务稳定发展的重要保障。

### （四）逆向物流与正向物流相冲突

很多企业没有认识到逆向物流和正向物流同等重要，两种物流在运输、配送和加工等多个环节都有可能会相互重叠和发生冲突，而这两种情况必然会导致生产效率降低，影响企业的经济效益。因此，在逆向物流管理的发展中，如何妥善解决逆向物流与正向物流的冲突，是我们必须要考虑的问题。

## 二、解决逆向物流管理问题的对策

### （一）提高并加强对逆向物流管理的认识

在现今激烈的市场竞争中，逆向物流的重要地位越来越明显，逆向物流与正向物流是相反的，逆向物流管理是一项对物品的安排协调与处置管理进行跟踪的工作。因此，应该正确认识逆向物流的重要性，强化逆向物流观念。政府应根据各地的实际情况，引导鼓励企业在管理中主动利用逆向物流管理理念。企业应通过积极正确的引导管理，在内部教育中认真组织员工学习逆向物流知识并强调逆向物流的重要性，调动企业内外部的协调性，并对逆向物流管理人员进行定期培训，使员工的逆向物流管理意识得到加强。除此以外，还要加快有关逆向物流方面的人才培养和技术研发，因为深入的逆向物流管理学习需要由专业的人员来进行指导和协调。

### （二）建立健全逆向物流管理的相关法律法规

只有在完善的法律法规的约束及引导下，市场秩序的和谐发展才能得到良好的维持。政府应加快立法进程，设立严格的检查机制，对现有的规章制度严格实施并加以完善，从税收政策及财政补贴等方面入手，制定逆向物流管理的激励机制，为逆向物流管理提供切实的法律依据，使逆向物流管理的每一个环节都能够有法可依，提高企业对逆向物流管理的积极性。

### （三）建立完善的逆向物流管理信息系统

想要建设完善的逆向物流管理机制，就必须要建立完善的逆向物流管理信息系统，完善的逆向物流管理信息系统不仅可以帮助企业更好地管理逆向物流，还可以有效节约成本。在物流管理信息系统的开发中，建立一个包括正向物流和逆向物流管理体系的完善信息系统是十分必要的，因为企业要想与其他企业更好地合作，就必须密切配合供应链上的多个节点，做到信息共享，这无论对于企业自身物流效率的提高，还是对整个社会、国家的经济发展都有重要意义。想要让逆向物流管理体系合理而高效地运行，必须从一开始就对货物信息进行实时跟踪，并建立完善的、一体化的信息系统，对货物的双向流动都有所考虑。有效的逆向物流管理信息系统不仅能通过快速的显示、收集和存储逆向物流信息，对其过程进行正确的分析处理，还能使逆向供应链上的每个成员都及时掌握货品的相关信息，把握物流的最新动态，从而做出合理的处理决策。

### （四）构建正向物流与逆向物流一体化管理系统

构建正向物流与逆向物流一体化管理系统，对降低物流管理总成本有巨大作用。在物流过程中，逆向物流系统与正向物流系统整合，要做到以下两点。首先，双方信息资源要实现共享整合。双方的信息共享不仅对企业判断总成本和产品质量稳定性，物流周期及速度有重要作用，而且可以使产品的设计缺陷、缺损率及单位退货率一目了然，还可以更高程度地提高客户的满意度。其次，双方设备要互补共享，例如可以使分销中心和回收处理中心的场地相近，这样不仅可以共用车辆设备，降低运输成本，还能减少场地方面的重复投资。企业还可以借鉴其他领域的一些成功范例，对正向物流与逆向物流管理系统进行有效、科学的整合，总结、积累经验，探索新的物流管理模式，使逆向物流和正向物流都能更好地为企业发展创造良好的条件。

目前我国逆向物流发展处于初级阶段，逆向物流管理是探索物流管理领域的新角度，也是提高物流整体绩效水平的重要措施。完善的逆向物流管理不仅可以最大限度地维系顾客满意度和忠诚度，使企业在激烈的市场竞争中夺得更强的优势，还可以为建设社会主义和谐社会和可持续发展发挥巨大作用。因此，有效解决逆向物流管理中的问题是现今物流管理不容忽视的任务。

# 第四节　物流管理信息化

如今，我国信息化水平的不断提高，改变了人们的生活和工作，促进了许多行业的改革。随着互联网经济不断发展，物流管理的地位显得越来越重要。物流管理信息化不但是许多物流企业在发展过程中需要考虑的重大问题，也是推动整个物流经济发展的重要方式。本节结合物流管理信息化的特点，分析我国现阶段物流管理中存在的问题，并为完善物流管理信息化提出一些建议，以为相关研究提供借鉴。

## 一、物流管理信息化的内涵

物流管理信息化指物流企业在采集、划分、传输、整理、分辨、追踪和查询等物流过程中产生相关信息的技术手段，其能够在货物运输过程中降低成本，提高效益。总体来说，物流管理信息化意味着在物流管理的过程中，追求媒介信息化、管理自动化，利用高效的数据平台对数据信息进行分析，提升物流管理的质量和时效，为物流管理和物流业的进步提供更高水平的技术支撑。

## 二、我国物流管理信息化的发展现状

### （一）互联网新政策促进物流业信息化发展

近年来，我国发布了很多促进“互联网 +”发展的指示报告，新兴信息技术产业正和传统产业深入交流与结合。随着“互联网 + 高效物流”的推广，传统物流业的发展慢慢被改变，“互联网 +”已然变为提高物流业服务质量和效率的重要推动力。

### （二）电子商务发展促进物流业信息化发展

移动互联网的快速发展使传统消费模式和习惯发生了巨大改变。随着电子商务的迅速覆盖，电子商务跨境往来已成为普遍现象，并呈现出迅猛的增长趋势，极大促进了物流业的信息化发展。根据商务部发布的《中国电子商务报告（2018）》的统计数据显示，2018 年全国电子商务交易额达 31.63 万亿元，比上年增长 8.5%。中国电子商务跨境进出口交易总额达 1 347 亿元，比上年增长 50%。由此可见，国内电子商务的发展和跨境电子商务的增长是推动物流业信息化的主要因素。

### （三）信息化促进物流行业的新发展

物流业的发展依靠交通基础设施的建设。近年来，随着国家对公路、铁路交通的大力建设，物流行业进入了高速发展期，物流管理逐渐向信息化管理发展，运输信息化程度也不断提高。在信息技术的推动下，物流行业与物联网高度结合，推动了一大批新技术的产生和应用，例如大数据、人工智能、货物跟踪和定位技术，新的业态模式，如多式联运、无车人运输和无船人运输也正在发展。信息化水平的提高加快了基础设施建设，促进了物流产业的发展与物流园区之间的互联互通。

### （四）物流企业管理信息化程度不断提高

由于市场竞争激烈程度不断提高，物流企业的传统管理理念和模式越来越不可持续，物流企业管理的信息化已变成一股不可阻挡的潮流。很多大型物流公司走在潮流前列，通过引进信息化设备，进行技术革新，逐步实现了多方位信息化管理，如资金管理、货物配送等。新的技术如网络数据通信、全球定位系统、遥感等都在物流行业中取得了广泛应用。物流信息化管理标准体系正在逐步成为现实，制定和实施各级标准，例如货物编码和识别、物流信息收集、后勤文件和信息交换等都在慢慢推进。

## 三、物流管理信息化发展中存在的问题

### （一）对物流管理信息化认识不清晰

在物流企业的发展过程中，传统模式下的管理制度和发展理念都落后于时代，对新技术和信息化没有清晰的认识，缺乏创新理念。很多传统的物流企业并不具备标准的物流信息系统，在很多方面未能实现信息化，导致对货物运输过程缺乏有效的信息跟踪，增加了运输过程中的风险，效率也未能达到现有信息化下的配送标准。

### （二）物流管理缺乏信息化专业人才

随着物流产业不断发展，物流管理人才的需求不断加大，许多企业缺少信息化管理人才，使物流企业在信息化发展过程中遇到的各种问题不能得到有效解决，这已经成为当今物流企业信息化发展的阻碍。

### （三）物流业信息化的相关法律法规不完善

近年来，随着互联网经济高速发展，中国物流业也在不断发展，但是相关法律法规并未及时完善，存在很多不足。相关法律法规不完善会导致政府主管部门与物流企业之间缺乏高效、可行的沟通渠道，对物流企业信息化进程产生不利影响。要促进物流业信息化发展，需要政府部门根据物流业发展的特点，完善相关法律法规，加强市场管理和财政支持，同时加强信息化管理体系建设。

### （四）信息平台建设水平过低

与发展迅速的物流产业相比，物流信息的管理水平仍迟滞不前，公共物流信息平台功

能不完善，物流信息资源难以集中、整合，未能形成体系。不同的运输方式和物流基础设施主体之间的低水平互联通信无法为各类用户提供信息交换和共享等服务。物流信息的分散导致信息无法被共享和有效整合，物流枢纽与物流园区、物流基地之间的信息收集和信息共享水平不高，信息资源利用率低；物流信息的供应方不成熟，在技术方面缺乏系统的操作经验，不能为物流企业提供有效的解决问题的方法。

## 四、推动物流管理信息化的对策

### （一）创新信息化管理思想

随着社会信息化程度的提高和物流企业信息化发展，企业管理理念需要与时俱进，不断改良提升，企业管理的信息化程度需要不断加强。企业领导者要意识到物流信息化改革的重要性，并根据实际情况进行信息化改革，制订系统的物流、仓储、配送战略计划，完成高效信息化改革，并制定标准化的物流管理信息化流程，实现物流信息规范。

### （二）积极培养专业人才

高速发展的物流产业对专业人才的需求不断增大，就目前形势来看，人才需求存在很大缺口。要解决缺少信息化专业人才的问题，不但需要政策指引，同时还需要企业自身努力，高效配合。首先，高校必须把培养信息化物流人才作为重要工作，重点培养学生的现代物流管理思想和信息技术等方面的能力，满足社会对现代化物流人才的需要。其次，物流企业要大力吸收信息化物流人才，对物流人员的专业水平和信息知识进行全面培训。最后，各级政府部门要为物流现代化人才培养提供良好的条件，丰富信息化技术培训形式，建设物流行业之间沟通与人才共享的平台。

### （三）构建物流信息网络

物流产业是我国各产业发展的重要保障，而信息网络则是物流产业发展的重要保障。企业在推进信息化管理改革的过程中，要重视现代化物流信息网络的构建。除了借鉴国内优秀企业外，物流企业还可以向发达国家学习优秀经验，在学习过程中扬长避短，去粗取精，提高自身软硬件实力，提高信息网络的建设水平，从而提高现代化物流产业水平。同时，企业应重视自身信息技术手段的创新，比如积极利用全球定位系统优化物流管理，使企业既能充分掌握物流运输信息，又可以大大提高物流运输的实际效率，有效满足客户的各方面要求。这些举措对新时期物流业的改革和发展都有重要意义。

### （四）发挥跨境电子商务的推动作用

在信息技术的引导下，跨境电子商务不断发展，跨境物流产业走向全新变革，跨境物流的信息化网络正在慢慢形成。此信息化网络的服务范围包含了整个工商业，涵盖了运输和仓库存储等物流供应链，并在道路运输、水路运输、航空运输等领域得到拓展，慢慢填补了跨境物流链中各方之间存在的信息鸿沟，提高了物流运营的效率和质量，完善了跨境物流产业。跨境物流企业应吸取国外优秀的经验和理念，去粗取精，结合自身优势和特点改革创新，提高跨境物流的信息化水平，让企业获得更强的竞争力。同时，物流企业加快拓展海外市场，大力开展国际业务，建设海外物流基地，完善国际物流服务网络布局，增强海外物流配送能力，满足跨境电子商务快速发展的需要。

信息化发展是这个时代的主要趋势，伴随网络信息技术的不断发展，现代物流产业的管理也发生了极大变化。为了实现物流管理信息化发展，企业必须及时发现传统物流管理体系存在的不足之处，并针对性地采取改革措施。新形势下，物流业的发展十分依赖现代信息化管理，这也是新时期物流业改革转型的关键点，现代信息化管理在物流产业发展和市场经济增长中扮演着非常关键的角色。

## 第五节　物流管理专业的“工匠精神”

高职院校的物流管理专业以培养高技能、高素质人才为目标，要求学生有爱岗敬业的学习态度，具备扎实的理论知识和实践技能，具有踏实负责的职业精神，在物流行业的从业过程中实现自己的价值。本节以“工匠精神”的构建为基本点，分别从“工匠精神”的定义，建设“工匠精神”内涵的必要性，建设“工匠精神”内涵的意义等方面论证物流管理专业的“工匠精神”。

### 一、“工匠精神”的定义

“工匠精神”是指工匠对生产的产品精益求精，力求将产品做到最好品质的精神。“工匠精神”的本质是职业精神，它是职业态度、职业能力、职业素养的体现，是敬业专注的精神态度。物流管理的职业能力要求学生对货物的运输、仓储、流通加工等流程环节进行精细打磨。物流管理的职业素养要求从业人员对物流服务有高追求，不因循守旧，具有创新精神。

### 二、建设“工匠精神”内涵的必要性

#### （一）具有“工匠精神”的物流技术工人是国家发展的栋梁

随着我国物流行业快速发展，社会对高技能型、创新型物流技术工人需求量越来越大，要求也越来越高。过去简单粗犷的物流操作流程已不能满足行业发展的需要，当今物流企业青睐、急缺的是物流技术过硬的同时具备爱岗敬业精神的人才。高职院校的物流管理专

业培养的具备“工匠精神”的技术人才不但解决了企业“用人难”的问题，更为国家物流行业的发展提供了大量的后备人才。

### （二）具有“工匠精神”的技能人才是企业发展的关键

随着我国电子商务高速发展，物流市场所占的经济比重越来越大。2019 年，我国快递业务量位居世界第一位，物流行业成为推动就业、创造再就业岗位的主力军。一方面，随着物流行业的迅猛发展，物流业对物流技能应用型人才的需求增大，另一方面，物流服务越来越普及，客户数量逐年增长，对物流服务的质量和态度都提出了更高要求。这些变化都要求物流专业的学生具有不怕吃苦、不怕受累、精益求精的“工匠精神”。

### （三）“工匠精神”是个人职业生涯的价值追求

物流管理专业的“工匠精神”要贯穿学生学习的各阶段，结合课程内容融入能力训练。学生的就业是衡量教育是否成功的试金石，对物流企业的调研显示，比起过硬的操作技能，物流企业更看重学生爱岗敬业、脚踏实地的职业精神。所以，在物流专业的人才培养目标中，职业精神的培养是重要的一部分。

## 三、物流管理专业建设“工匠精神”内涵的意义

### （一）“工匠精神”与物流管理专业特色相结合，增强思想认识

物流业属于第三产业，其性质是服务。物流管理专业的特色是理论与实践结合，要求学生具备高水平的职业能力和职业素养，而“工匠精神”是物流行业必不可少的职业精神。有些人发表的如物流专业学习无用、物流专业是体力劳动、物流从业人员不被尊重等错误的观点，对学生的世界观、人生观、价值观产生了消极的影响。因此，教师要用坚定的政治信念武装头脑，抵制错误思想的侵袭。任课教师在授课中，要加强思政教育和“工匠精神”的宣讲，对学生的思想进行引导，多用正面的典型案例鼓舞学生，使学生在思想观念认识上少走弯路、少陷误区；教师要多讲前沿性的专业知识，用发展的观念看问题，使学生意识到自己的专业大有可为，拥有被尊重与被欣赏的职业荣光。

### （二）“工匠精神”与物流管理专业课程相结合，培养态度

“工匠精神”必须要与高职院校的物流专业的课程相结合，在突出能力本位的同时，注意态度目标的穿插融入。学生一方面要学习专业技能知识，另一方面要学到职业精神的意义。例如在讲到“分拣操作”时，不仅要让学生动手操作分拣机器，还应该让学生领悟到对包裹要轻拿轻放，不要野蛮作业，更不要高抛货物。另外，还要让学生养成能吃苦、不怕累的精神，像一些大件运输等需要费时费力的物流工作，想要客户满意，就要养成精益求精的职业态度。在讲货物的储存与养护时，除了强调严格执行货物的温湿度存放标准

外，还需要求学生在出库入库等操作中有爱岗敬业、认真负责，来不得半点马虎。

### （三）“工匠精神”与物流管理专业实训项目相结合，提升技能

物流管理专业的实训主要以物流专业的课程为载体，但现实中的物流企业不可能将某个物流操作流程单独切割，所以实训需要整体系统的配合，是多门课程交叉互融的操作。在学校的实训项目中，教师一方面需要注重多环节的配合和交叉练习的设计符合社会物流行业对复合型人才的需求，另一方面要考虑将职业素养融入每节实训项目训练，尤其是在实践教学中融入“工匠精神”职业素养，不流于形式，使学生在实训中感悟“工匠精神”的内涵。教师要将物流行业的职业素养融入实训过程，如在分组进行任务时，要求学生团结协作、紧密配合，要在课堂有限的时间里又好又快地完成任务。这些要求看似简单，实则没有反复的练习是不能实现的。例如叉车，学生要经过考试获得资格证才可以驾驶，但是要想实现精准搬运，拥有过硬的技能，就需要自身勤加练习，花时间和精力提升专业技能。例如有的学生经过自己的刻苦努力，可以实现用叉车打开汽水瓶盖的精准操作。

### （四）“工匠精神”与物流文化相结合，文化育人

要想将物流管理专业的“工匠精神”与物流文化结合起来，学校可以组织以“工匠精神”为主题的活动，如宣讲工匠故事，组织“工匠精神”工作坊等；组织物流社团，发动学生义务为物流管理专业实训场所提供打扫卫生、物流设备维护与管理等服务；借助社交平台、直播平台等新媒体手段传播物流行业的工匠故事、工匠人物事迹，以及全国物流行业劳动模范先进事迹，端正学生的职业态度，使学生认识到“工匠精神”的内涵与意义，多角度、多方式地培养物流专业学生的综合职业素养，提高学生的专业核心技能水平。

### （五）“工匠精神”与物流管理“双师”建设相结合，引领模范

师资队伍在高职院校的专业办学中是非常重要的，学生的技能来自教师的传授，但如果教师没有实践经验，只有理论知识，就会欠缺对学生的实践指导能力，学生在实习就业中就会缺少职业技能方面的能力，不利于今后发展。所以物流管理专业需要加强“双师”型师资队伍建设，要加大人才引入力度，对在企业有丰富实践经验的人才全职或兼职聘用，或结合高职院校物流管理专业的实际情况，将年轻的教师派到物流企业实践，让教师将物流行业先进的技术与技能带回课堂，使教师用先进的教学经验与技能加强高职院校师资队伍的建设。

### （六）“工匠精神”与物流企业实践相结合，仿真体验

校企合作是高职院校培养学生专业核心技能的重要环节，是物流管理专业建设“工匠精神”的内涵、培养学生的职业精神的必经之路。“工匠精神”的培养需要真实的工作环境和工作任务，所以单凭理论知识的学习无法满足“工匠精神”内涵的建设需求。按照高

职院校的物流人才培养方案，物流管理专业的学生毕业前一般会有实习期，学生按照要求完成实习锻炼。通过校企合作，可以让学生走进物流企业，提前感受工作任务与工作环境。按照校企双方的合作协议，高职院校要求物流企业尽量在实习期间安排学生轮岗实习，让学生把工作的整个操作流程熟悉一遍，为学生以后进入具体的物流岗位打下基础，让学生在迅速提升物流工作核心技能的同时提升“工匠精神”。

### （七）“工匠精神”与物流管理的学徒制相结合，打磨技能

学徒制有助于完善高职院校产教融合的育人机制，创新技术技能的人才培养模式，具体指学校与企业深度合作，学校教师与企业师傅联合传授，对学生以技能培养为主的新人才培养模式。“工匠精神”与物流管理的学徒制相结合需要院校以高标准挑选专业教师，企业挑选受物流行业认可与推崇的专业师傅。师傅要具备专业性素养引领示范的优势，这样才能让学生在专业学习中敬佩师傅，人格受到感染。高职院校也要做好对师傅的定期考核，包括师傅的教学方法以及教学水平，对于不符合要求的师傅，要及时请离教学队伍。师傅对学生要执行严格的分等级与层次的考核机制，知识目标考核、技能目标考核与职业态度目标考核并重。对学生每道工序、每项任务的考核要制定精细的标准，在学生出现畏难、厌学等消极情绪时要对学生进行正确的引导与疏导，不能只注重技能考核，轻视态度目标考核。

### （八）“工匠精神”与物流管理专业创新创业相结合，外化于行

学校可以结合国家相应的政策，引导学生多参与创新物流项目，例如电商平台中的振兴乡村项目，一方面可以由在校的教师指导，培养学生自主创业的能力，另一方面在创新创业中，可以加深学生对“工匠精神”的解读。“工匠精神”不仅要内化于心，更为重要的是能外化于行，高职院校应坚守住创新创业的平台阵地，积极鼓励物流管理专业的学生参加大学生创新创业项目设计比赛，利用信息化技术，与大型电商平台合作，促进物流管理专业学生共享创新创业信息，使学生学习目的更加明确。

### （九）“工匠精神”与物流技能大赛相结合，内化于心

高职院校要坚持“以赛促学”“以赛促教”，坚持用技能大赛的标准指导专业人才培养。高职院校应培养应用型技术人才，鼓励师生积极参与国家、省、市的技能竞赛，增强学生动手能力。也可以在校内积极开展丰富多彩的专业技能竞赛，强调技能比赛项目设计的精细化管理。通过技能大赛，学生不仅操作技能得到了提高，而且处理实际问题能力也得到了加强。

### （十）“工匠精神”与物流行业社会服务能力相结合，辐射经济

近年来，随着“双十一”“618”等电商购物节的兴起，消费者的购买需求与物流需

求正在逐渐加大。电子商务繁荣的背后是大量的物流技术人员加班加点的工作，认真配好每一单货物，废寝忘食坚守工作岗位，这些都是受爱岗敬业、精益求精的“工匠精神”支撑的结果。2020 年第一季度，面对突如其来的新冠肺炎疫情，物流行业迅速响应，以最快的速度组织复工复产，彰显了物流从业者的“工匠精神”。微观上看，物流行业创造了经济效益，宏观上看，物流行业辐射地区经济建设，为国内生产总值注入新的增长动力，为服务业经济创造了新气象。

综上所述，“工匠精神”是高职院校在物流管理专业学生心中埋下的职业素养的种子，是高职教育立德树人的重要组成部分，是职业教育的精神之“钙”。“工匠精神”在学生走出校门进入职场，从事的每一项工作、坚守的每一个岗位中得到升华。高职教育必须在“工匠精神”的内涵建设上下足功夫，才能找准发展方向，才能实现可持续发展。

## 第六节　物流技术对物流管理的影响

随着现代社会科技的发展和大数据时代的到来，低成本、高效率成为物流企业提高自身竞争力的关键因素，而物流技术的发展不仅对这些起促进作用，还为企业正确决策提供依据。本节主要从物流技术在物流管理中的应用，物流技术在物流管理中的发展趋势两方面来探讨物流技术的发展对物流管理的影响，供行业参考。

### 一、物流技术在物流管理中的应用

#### （一）物流技术在配送中的应用

配送是物流系统的七大功能要素之一，它在物流活动中起着重要的作用。随着商品种类的增加以及个性化服务需求的增加，越来越多的企业更加重视配送环节。企业通过运用物流技术来降低配送的成本、提高配送的效率，从而提高竞争力。比如在拣货过程中使用电子标签技术辅助拣货，可以降低人工成本，降低拣货的出错率，提高拣货效率，并且方便统计拣货人员的工作量。此外，运用电子标签技术还可以及时和信息系统进行库存同步，从而更加准确地掌握库存，提高物流配送的运作效率。如果货物是在冷冻或者低温的条件下储存，还可以使用语音辅助拣货技术提高拣货的效率。

#### （二）物流技术在物流信息中的应用

物流信息是物流系统的重要功能要素之一，物流技术在物流信息中的合理运用有助于建立企业之间的战略合作伙伴关系，提高企业供应链的运作效率，也有助于对车辆进行及时管控，从而降低物流成本。下面主要探讨电子数据交换（EDI），全球定位系统（GPS）和地理信息系统（GIS）等物流技术在物流信息中的应用。

1.EDI 技术

这种物流技术在物流信息中的应用可以帮助管理者更好地决策。由于供应链各节点涉及的企业部门较多，所以可能会出现需求信息失真的情况，进而导致管理者对需求信息的判断出现一定程度的偏差，甚至在决策方向上也会出现部分错误。解决这个问题的关键在于对物流信息的有效传递。EDI 技术使企业从原来传统的纸张传递转变为电子信息的传递，保证了信息的真实性和有效性，可使管理者更准确地决策。通过 EDI 技术的运用，还可以加强企业之间的信息共享程度，提高供应链的协调性，帮助企业之间建立长期的战略性合作伙伴关系，从而更有效地解决“双重边际效应”，降低运输成本和管理成本，提高供应链整体的利润，实现供应链上下游企业的共赢。

2.GPS 和 GIS

运用 GPS 和 GIS 等技术可以更好地进行车辆管理，运用 GPS 和 GIS 可以对运输车辆进行实时定位、监督和跟踪，并利用数据挖掘对这些信息进行处理。企业可利用相关数据模型和算法自动生成动态的车辆配载、路径规划等优化方案，同时还可以根据这些数据监测车辆司机的工作情况，有效避免车辆司机在工作时间有所懈怠。这些技术的应用还可以对运输车辆实现智能调度，避免因为交通拥堵对运输造成影响，从而降低物流运输的成本，提高物流运作效率。

## 二、物流技术在物流管理中的发展趋势

### （一）自动化和智能化的发展趋势

从配送的角度来看，未来的物流技术会朝着智能化和自动化的方向发展。比如在未来会使用数字化的拣货方式，不再是传统的人工拣货或者人工辅助拣货，而是采用机器人进行全自动无人化的拣货方式。这种自动化、智能化的拣货方式不仅仅可以节省劳动力，降低企业人工成本，更重要的是可以降低出错率，极大地提高物流运作效率。而且随着 5G 的出现，自动化和智能化对通信方面的需求会被进一步满足，从而使自动化、智能化机器逐渐取代人工。

### （二）数据化和信息化的发展趋势

社会信息技术的进步与人们生活水平的提高使企业的竞争不仅仅是物质资源的竞争，更是信息的竞争。企业拥有的数据越多，在供应链上的位置就会越重要，也就是说，该企业会拥有更多的话语权和定价权。比如沃尔玛因为拥有较为完整的顾客数据资源，所以在它所处的供应链中，它更具有决策权。上游供应商若想从沃尔玛那里获取需求数据，必然会以降低原材料的价格作为代价从沃尔玛那里换取数据信息；下游的客户如果也想要得到沃尔玛的数据，那此时沃尔玛向下游客户销售商品时必然会抬高价格。所以供应链中各节

点上的企业为了实现共赢，都会使物流技术趋于数据化和信息化，把数据转化为生产力，从而达到信息共享，提高企业利润的目的。

### （三）轻量化和绿色柔性化的发展趋势

当前，绿色物流逐渐成为物流行业关注的焦点，国家一直在倡导物流企业进行绿色化、低碳化的物流活动，无污染的新能源产品越来越受到大家的喜爱，物流技术也逐渐向轻量化和绿色柔性化发展。比如某公司推出的磷酸铁锂电池叉车因为其全球领先的新能源科技吸引了很多的客户，还有新出现的具有高度柔性化、智能化的自动导引车（AGV）也受到了人们的喜欢，并实现了快速发展。并且“快速柔性包装”“定制化包装”“轻量化器具”等具有高度物流技术的产品受到的关注也越来越多。

如今是一个物质资源丰富、信息技术发达、需求个性化的时代，物流技术的发展会提高物流运作的效率，降低物流运作的成本，提高企业的利润。快速发展的物流技术可以更好地服务于企业的物流管理，使企业的运作更加自动化和智能化、数据化和信息化、轻量化和绿色柔性化。

# 第二章　新时代物流管理的发展

## 第一节　国际工程物流管理

随着经济全球化发展进程的加快，国内越来越多的施工企业走出国门，我国建筑施工行业与国际市场合作越来越多。在国家政策和资金的支持下，国内很多大型施工企业已成为我国对外承包工程的砥柱力量。由于大多数的海外承包工程都存在施工周期长、设备折旧费用管控不够、投资金额过大，项目材料成本较高的问题，对海外承包工程项目的物流进行有效管理，应成为我国国际工程物流管理工作开展的重要起点。本节分析国际工程物流管理的特点及存在的问题，对提升国际工程物流管理水平的有效策略进行总结，旨在为国际工程提供参考。

### 一、国际工程物流的特点

国际工程承包项目物流工作的主要内容是从国内向国外运输一些永久性的设备以及工程施工所需要的配件，因为运输距离较长，所以在物流管理工作中需要做好物资运输的规划。国内外物流管理模式的不同，造成了巨大的物流运输环境上的差异，国家政策、人文环境等也会对物流管理工作造成不同程度的影响，这些都极大地增加了物流运输工作的复杂程度。国际工程承包项目的物流工作，因为实际运输距离较长，可能涉及空运、海运等多种运输方式的应用，所以需要国际运输单位之间协作配合。但受不同国家的各方面因素的影响，国际运输单位的相关规定可能会给货物的运输造成一定的阻碍。

另外，由于国际工程承包项目具有一定的复杂性，因此国际工程承包项目的物流运输也会存在一定的风险，常见的风险有两种：经济性风险和政治性风险。其中经济性风险大多是外汇汇率发生变动所产生的风险；政治性风险主要是项目所在国家政治动荡，给物流运输工作带来的风险。

### 二、国际工程物流管理存在的问题

与国外的施工企业承包管理模式相比较，我国的国际工程承包项目物流管理工作所获得的成果、经验有所不足。我国国际工程承包企业在规范化、标准化、国际化物流管理方面有所欠缺，在物流信息系统建设、物流法规建立等方面趋于表面，不够深入，一些实质性的交互环节、内容不足，对国际工程物流管理造成了不同程度的影响。

### （一）企业对物流管理不够重视

近年来，我国在物流建设方面已经做出了巨大的努力，出口物流已经成为衔接国内外贸易往来的重要桥梁，在保障出口供应方面起到了积极的作用。但是受传统观念影响，我国大多数国际工程承包企业还没有深入地研究现代物流和企业战略发展之间的关系。事实证明，如果不能将现代物流管理与节约企业经营成本、提高企业经济效益、提高企业核心竞争力结合起来，企业会始终保持单一、机械的运作模式，不利于企业的可持续发展。

### （二）企业未建立物流管理标准

现代物流的管理理念是协调物流供应链，做好物流供应不同环节的有效衔接，满足企业降低经营成本、提高经济效益等基本需求。但通过分析国际工程承包企业的实际情况可以发现，承包企业对于物流配置还没有建立科学的标准，导致物流配置不能充分地发挥集中化和分散化的优势。在大多数承包企业内部，物流仅被当作一种工具，由物流部门集中负责，而企业各分项目所涉及的运输、仓储以及配送等工作都由相应部门直接执行。这种物流运作方式虽然能为企业节省运营成本，但容易使管理权限过度分散化和复杂化。

## 三、国际工程物流管理的优化策略

### （一）前期准备阶段精细化管理

不同地域、不同施工阶段，应用到的物流管理模式有所不同，而国际工程承包企业的物流管理应实行精细化管理模式。在进行精细化管理之前，要注意根据不同阶段的实际需求对管理方式和要求进行计划和构建，比如必须按照合同要求来确定采购设备的型号和数量，施工机具的发货批次、数量以及方式。完成初步统计后，企业需将货量重新整合，并按照具体的施工进度以及工期安排调整好对供货厂家的生产要求，确定具体的供货时间。

可以说，前期的货物统计工作是为集中发货做准备。在这个过程中，还需通过招标的方式确定第三方物流公司，限定集装箱货运代理公司的运送过程，旨在提高运输效率、降低运输成本。企业在日常运营中，要根据处理突发事件的具体要求，选择和项目规模相互匹配的货运代理公司，以相互合作为基础，做好相应的统筹和规划。

### （二）物资采购和储存阶段精细化管理

对于项目的物资采购工作来说，良好的计划信息流和作业信息流是非常重要的。尤其是国际工程承包企业在采购物资时面临多个市场和采购价格的选择，再加上不同商品在不同国家的关税政策有所不同，导致物资的实际采购价格也有较大的差异。

集权化的管理模式下，物资采购活动一般由公司或企业的管理总部统一负责；相比之下，国际工程承包企业的采购更具自主权。由于建筑商品的报价信息存在一定的滞后性，因此需要用管理成本分摊的方法对成本进行管理。在分权管理模式下，国际工程承包项目的运作大多以利润为中心，导致利、权、责三方面会出现一定的冲突，再加上市场信息不全、管理经营过于分散，导致最终的采购和材料存储会出现额外的成本。

### （三）物流运输阶段精细化管理

在国际工程中，为了及时、准确、高效地完成相应的物流任务，进一步减少资源占用，达到降低管理成本的目的，需要将精细化管理的理念贯穿整个物流管理过程。物流的精细化管理主要体现在两个方面：货物包装的规范化以及物资配载的合理化。

#### 1. 货物包装的规范化

货物包装的规范化指要综合考虑物资的尺寸与集装箱的实际情况，选择合理的包装方式，避免货物在运输过程中破损而造成损失。在所有包装方式中，集装箱是最标准的包装方式，不仅可以很好地保护货物，还能有效降低运输费用。

集装箱还可以最大限度地缩小包装尺寸，使运输更加方便。但是在运输施工设备一类的超大超高物件时，不管应用哪种运输方式，运输费用都较高，这就需要企业提前和供货商进行协调沟通，合理地制定超大超高物件的包装和运输方案，从而有效降低这类物件的运输费用。比如，运输自卸车辆时，可将倒车镜拆掉，降低货物方量，从而达到降低运输成本的目的。

#### 2. 物资配载的合理化

物资配载的合理化指根据物资的尺寸和重量科学合理地配载，最大限度地挖掘承运工具的承载能力，再用比价的方式确定货运代理。在比价的过程中，不仅要关注国际货运报价情况，还要注意仔细考察货运企业的综合实力。通常来说，实力较强的货运代理公司具有更强的通关能力，企业选择和这类货运代理公司合作，不仅能提高自身的合同执行能力，还可以有效减少物流运输过程中存在的风险，切实保证物流运输的进度。只有同时具备合理的运输价格、优质的配载、较高的物流速度及便捷的通关条件等，才能帮助国际工程承包企业更好地节省成本，创造更高的经济效益。

总而言之，由于国内的物流管理模式过于粗放，再加上缺乏专业的物流管理人才，使得国际工程承包项目物流管理工作的弊端越发明显。为了解决这些问题，国际工程承包企业在开展国际工程的物流管理工作中，必须坚持全过程的精细化管理理念，确保物流运输工作顺利完成，从而提高国际工程承包企业的经济效益和社会效益。

# 第二节　价值链全程物流管理

现代经济贸易交流来往频繁，物流已成为当前各个行业贸易物资运输的重要途径。目前，很多企业进入了物流行业，却没有物流行业相关的管理理念，导致运输成本过大，经济效益微薄。基于此，本节对基于价值链的全程物流管理进行讨论。

物流就是将产品从生产地运送到消费地的活动，现在的“快递”行业就是物流行业的一个小分支。物流不只是一个简单的搬运工作，很多企业都已经看到了物流市场的经济利润，参与到物流竞争当中，降低了物流行业的平均利润率。为了提高物流企业的经济效益，合理进行物流成本控制管理，需要对我国物流企业的现状进行分析，并基于新的价值链理念给出新的管理办法。

## 一、现代企业的物流成本管理现状分析

物流企业在运营的时候相当于“搬运人员”，将各地生产的产品搬运到需要消耗产品的地方。物流行业深入各个行业之中，比如建筑行业，在开展建筑工程施工的时候，就需要使用物流将建筑原材料运输到施工地区。在物流企业的运营过程中，物流成本支出是物流企业在现代化经济市场更进一步的阻碍。我国的物流运输成本一般占物流总成本的三四成左右，根据国际货币基金组织的研究，发达国家的物流成本一般占国内物流生产总成本的一成左右，这体现出我国物流运输效率较低，成本较大的特点，这些特点导致我国物流业发展到一定程度后停滞不前。

## 二、现代企业在物流成本管理上存在的问题

### （一）缺乏物流市场经济管理观念

除了专业的物流企业将物流作为主要的经济生产活动之外，其他行业的大部分企业都没有意识到物流对于企业发展的重要性，没有认识到物流可以成为企业的“第三利润来源”。现在市场上的企业大多将物流活动作为经济贸易过程中的附属活动，采购、仓储、运输、装卸、搬运、包装、配送等物流运营环节的管理活动分散在不同的部门，没有进行系统性的规划和全过程的统一管理。

### （二）缺乏物流竞争理念

在经济市场发展迅速的今天，企业想要加快自身的发展，不仅要拓展经济业务来源，

还需要对自身的经济资源进行调整，以应对市场的变化。不过企业在对自身的资源进行调整时，经常会缺少物流竞争的思想，将有限的资源集中在企业的核心业务上。

### （三）物流成本管理落后

企业在计算自身物流成本的时候，更多是去了解物流费用等经济成本支出，并没有达到利用物流成本的境界。而企业在对物流成本进行管理时，往往局限于企业在材料的选购、运输、销售过程中产生的物流成本，并没有利用物流创造经济效益的想法。

## 三、基于价值链构建物流成本管理

### （一）价值链的价值

“价值链”由迈克尔·波特在 1985 年首次提出，指企业的设计、生产、销售、发送和辅助其产品创造经济效益过程的集合体。价值链贯穿整个产品的经济效益生产流程，所以在基于价值链展开物流全过程管理的时候，可以提高物流成本管理在识别价值信息、分解物流环节中的作用，对企业管理提供物流发展控制经营的决策信息。同时，基于价值链还可以构建全过程物流成本管理系统，对物流成本实施全过程管理，对物流的各项价值活动进行多维立体式的实时控制。

### （二）物流成本管理策略

现代经济市场发展中主要有两种效益形式，一种是低成本，一种是高效率。两种效益模式构成了现代企业在市场上发展的根本方向，也是当前企业市场竞争力优势的基本形式。基于价值链开展物流全过程管理，需要从物流的成本管理入手，可以用两种战略方式进行创造和管理：一是成本优先管理。成本优先管理战略是对企业的物流运输成本进行全过程控制管理，通过不断精化技术，降低企业的物流运输成本，让企业在市场竞争中拥有更多的进退余地，在面对质量、功能相差无几的竞争对手时，能以低成本、高质量的优势取胜。二是差异化目标战略。对企业的物流进行差异化管理，是让物流对企业的不同特色发展提供不同的服务内容，这种差异化的全程物流管理方式，能够为企业的发展带来额外的价值加价，让企业在市场中具备独特的竞争优势和特点。另外，差异化目标战略能够对企业在采购、生产运输、分配运输的环节管理进行快速响应，让企业的物流系统具备快速反应能力，提供高质量服务。

### （三）物流成本计算管理

基于价值链的全程物流管理，首要目的就是控制物流的成本经济支出。在物资包装、装卸运输、分流配送、产品存储等物流工作开展的过程中，需要对每一个物流工作环节进行管理，对每一个环节的成本进行计算，并采用成本控制的方法降低物流经济成本支出，优化企业的价值链，提高全过程物流管理的质量。通过这种方式可以以物流管理为基础，优化企业的管理结构，提高企业整体价值，实现企业的经营发展目标。

基于价值链的企业物流全过程管理，在实施过程中最大的困难就是没有可靠的、相似的案例给予企业参考，所以在展开企业物流基于价值链的全程管理的时候，需要管理人员对企业自身的文化进行研究，将企业自身的特色文化融入以价值链为基础的物流管理理念中，促进企业的经营发展。

## 第三节　供应链一体化物流管理

从本质上讲，物流是供应链的重要组成部分，供应链涵盖范畴更广泛。应该说，供应链不仅包括了商品流通管理，还包括资金、信息等方面的管理。之所以提出供应链一体化物流管理，是为了更好地适应社会经济发展、消费需求和产品增多等对物流业提出的更多更高的要求。当前，物流企业出现的主要问题是现有设施设备不完善与货物处理能力有限，阻碍了企业自身发展，无法充分满足市场需求。数据显示，在原材料采购供应阶段，企业需要对市场环境变化做出及时响应，并把这个过程延伸到源头，这就是供应链一体化的雏形。从目前世界范围内物流行业发展态势看，物流产业已经进入基于供应链一体化的物流管理阶段，物流是企业和市场相互接触最为直接和快速的平台和纽带。

新时代，研究供应链一体化背景下的物流管理十分有意义。供应链一体化物流管理不仅可以把物流管理有效融入我国经济社会发展，还可以使物流行业内各个主体适应世界经济发展带来的变化。同时，通过市场媒介，可以促使各主体持续调整自身发展战略，提升核心竞争力。基于供应链一体化物流管理使得物流运行、管理水平更加科学，使我国物流行业拥有更好的发展前景，驶上了可持续发展轨道。

近年来，我国经济社会持续快速发展，物流业呈现出欣欣向荣之势。人们的消费需求逐渐增多、商家的产品类型逐渐多样，这些都对物流管理提出了更高要求。在激烈的市场竞争中，提高物流效率，在纷繁复杂的市场环境中保持竞争力，需要企业不断创新突破。不但是在商品流通领域，而且是要全方位、从生产源头就开始，形成物流产业全链条管理，把商品、资金、信息等方面的资源有效整合起来，进而形成一个完整的链条模式，即一体化供应链。在实现供应链一体化的背景下，物流业的一些情况并不完全符合这种模式，需要采取一些必要的措施对其进行完善。如何实现供应链一体化物流高效管理，理论分析和实践应用都是十分必要的。

## 一、供应链一体化对物流管理的影响

供应链一体化把原物流管理的范畴扩大，在速度、流转、服务、技术等方面提出了新的更高的要求。

### （一）物流管理效率更加高效

供应链一体化物流管理依托经济社会强大的科学技术支撑，通过供应链成员之间的合作实现信息交换，从而对需求进行更加快速和准确的响应。信息资源共享和交换是实现供应链一体化物流管理的重要前提，同时也是充分发挥供应链一体化物流管理作用的方式。在经济全球化的大背景下，供应链上的信息反应速度除了会影响做出反应的该企业外，还会在一定程度上影响其他企业。要实现供应链一体化，物流体系链条就需要更加紧凑，更适应快节奏，以减少在物流环节中由于时间的耽搁而造成的成本和资源的浪费，进而降低生产和流通成本，提升整个物流过程的灵敏性和精细性，提高物流管理效率，即供应链一体化提升物流管理效率。

### （二）物流管理流转更加顺畅

供应链一体化的实质就是把内部细节问题放大，并把其作为一个重要环节来衔接，所以，其中的任何一个环节产生干扰或者阻碍都会影响整个链条的顺利运行。比如会影响链条中上下游企业之间的物资流动，影响销售终端供货，这样就可能会给企业带来经济利益损失。在当前供应链一体化大背景下，可以通过管理有效解决其中存在的问题，发挥物流管理作用，保证其链条的运行流通顺畅，以此提高物流管理工作质量。

### （三）物流管理服务质量提升

供应链一体化背景下，供应链上的服务对象已经不再局限于普通意义上的物流终端客户，而是包括供应链条上的各个主体。要使链条运转效率得到提高，需要提高每个节点的服务意识，进而改善整个服务体系。也就是说，物流管理要从狭义的服务转向整个链条多元对象的拓展和延伸，这对整个物流体系也提出了更高的要求。

## 二、供应链一体化物流管理的特点

供应链一体化范畴很大，其内容涵盖了整个活动管理部分，还包括了一些外包管理、渠道管理等，已经远远大于物流管理所涉及的范围。从供应链角度来分析，要实现物流管理，需要对管理活动进行整体协调，另外，由于供应链的管理策略和方法比传统的物流管理复杂得多，所以，供应链一体化背景下的物流管理也具有新的特点。

### （一）技术的地位越来越凸显

技术是实现供应链一体化的基础，有些学者也把技术称为“供应链的灵魂”，它是实现供应链一体化的驱动器。比如，信息技术的发展带来的是经济发展方式和消费方式、习惯的改变。现代物流快速发展，利用信息系统可以实现物流信息的实时传递，促进上下游企业之间交换和共享信息，使得链条上的企业能够获取到最前沿的行业信息、最新的市场信息等。只有在信息渠道通畅的情况下，相关企业才能够快速了解市场需求变化、行业发展趋势，对产品生产、采购、分销等做出科学合理的判断和安排。对于企业自身来说，实时掌握货物流动信息、库存状态，可以科学合理、灵活地做出物流安排，降低成本、提高物流安排合理程度。

### （二）市场需求感知越来越灵敏

供应链一体化需要时刻围绕市场需求来开展物流活动，而市场需求也是瞬息万变的，想要建立能够迎合市场需求的管理体系，需要将供应链上的每一个环节都纳入管理环节中。实现供应链一体化物流管理，需要供应链上每个节点都实现协调同步，使各个主体之间不断合作、协调，甚至是融合，同时，需要保证链上各主体之间有一个符合各自需求的新型渠道关系。

### （三）第三方作用越来越明显

市场经济发展使得物流市场越来越大，这促使了服务于物流行业的第三方的出现，而且这些第三方逐渐发展成为一个新型的行业，向着专业化、行业化和产业化的方向发展。比如，一些第三方发挥着物流外包资源经营作用，物流企业为了专注主业、有效利用经营资源、降低成本、保证物流服务水平等，使用第三方外包服务。在供应链一体化背景下，形成了第三方资源很好地为物流管理主业服务的格局，且作用发挥越来越明显。

## 三、物流管理水平发展分析

### （一）物流行业物流管理情况分析

物流行业是伴随着我国社会经济发展逐渐壮大的，特别是在我国加入世界贸易组织，及经济全球化背景下，物流行业逐渐成为一个重要产业，在社会经济发展中成了不可或缺的产业。物流管理在物流产业发展中发挥的作用越来越大，发达国家用了几十年时间才形成了物流管理模式，而我国物流行业只用了十几年就逐渐实现了高水平发展，发展速度非常快。

### （二）物流企业物流管理情况分析

当前，我国的物流管理已经从最初的只重视销售物流阶段的管理逐渐发展为原材料采购、零部件加工、销售等全链条的全方位物流管理。正确的物流管理战略是物流企业顺利发展的原动力，是企业物流管理发展的重要因素。随着我国的经济发展，物流企业也呈现出规模逐渐增大的趋势。完善的物流管理体系能够持续增加企业收益，企业实施全链条、一体化的物流管理可以做好服务、资金等方面的管理，进而达到提高客户满意度、降低企业运营成本的目的。

## 四、构建供应链一体化物流管理体系

### （一）提升供应链意识

信息共享和交互为实现供应链一体化提供了前提，物流行业应以此为契机把信息共享和交互拓展到服务供应链上。企业要进行物流管理，首先要提高管理意识，要将思想转变为主动服务。这区别于传统物流管理，过去往往是依靠市场需求和交易机制，在这种机制下会出现因利益冲突而使供需双方产生问题的情况，进而会使得整个物流体系难以满足客户需求；但若只是单单提供运输服务，就不能满足日益增加的物流需求，更难以实现供应链一体化目标。所以，企业首先需要提升供应链意识，逐步和市场之间形成一个完整的信息互通模式，实现信息交换和沟通，充分感知市场变化，进而做出灵活、合理的判断和决策，对物流管理进行调整，适应发展需求。

### （二）加强信息共享建设

在供应链一体化环境下，各类物流信息都非常重要，特别是各类终端要获取信息，比如终端销售者和消费者都需要掌握最新物流情况。对于这类信息，在各类终端看是比较简单的，但在整个物流体系中则是需要各方进行信息共享、交互才能实现的。所以，企业需要重视物流体系内部的信息共享和交互，这里面不只包括物流货品信息，还应该包括物流能力、信誉、服务项目和质量等多方面有关信息。用最常见的商品物流为例，消费者需要查询商品最新的物流状态，可以通过查询物流信息来获得，这是物流信息对于消费者存在的价值。表面上看，消费者只查询了一个简单的物流信息，但对于物流管理来说，这需要控制和管理更多的信息，而这些功能的实现都建立在具有完整的信息共享机制上，企业要实时掌握信息，才能使整个供应链高效顺畅。

### （三）整合物流体系资源

供应链的最大特点和价值体现在它的速度和效率上，以最快的速度准确地传送物品和信息是供应链一体化物流管理的要求。要想达到这项要求，需要对现行物流体系的各个方面的资源进行整合。具体来说，就是要在物流管理过程中，罗列出整个物流管理中的节点和细节，并对这些节点和细节进行归类、合并、删减，突出关键节点和细节。在数和质之间寻找平衡点，用最小的数量换来最大的功能发挥，使成本和效益之间匹配值最大化。逐步实现物流体系资源更加清晰明朗、物流传递更加快速准确，最终实现物流体系管理更加科学、合理、高效。

### （四）完善物流终端建设

供应链一体化环境下，物流终端不再只是产品客户，也可能是下一个层次的物资需求方，客户与企业之间的关系越来越模糊，每个企业都需要维护好与各类客户的关系。每个客户也不只是被动地满足，而是主动寻找和提出需求，这就需要企业去适应这种变化。主要方法有完善客户体系，建设好终端，利用客户需求来指导物流体系工作，对供应链变化及时做出响应，进而提升整个企业在市场中的竞争力。

### （五）提升物流管理水平

在供应链一体化的大背景下，物流管理的重要性不言而喻，物流行业现阶段需要物流管理与供应链一体化接轨，要不断发展，解决遇到的各种各样的困难，比如，加强物流作业环节控制、加强物流信息通道建设、解决物流服务问题等，这样才能为实现供应链一体化物流管理提供良好的环境和基础。

## 五、对实施供应链一体化物流管理的建议

### （一）建立供应链观念

随着供应链一体化的逐步深入和发展，物流行业全体人员都要树立先进的供应链一体化物流管理观念，同时，要把供应链一体化物流管理观念作为物流行业各主体发展理念，甚至是指引灯和方向标。同时，物流行业内部还需要对现有物流体系进行合理调整，建立重要战略关系，推动物流行业不断发展。

### （二）建立供应链物流体系

逐步改变原有的库存分散的模式，建立以物流企业为中心的新型库存管理模式。建立供应链物流体系一方面可以降低产品生产成本，同时分担整个行业在运行过程中的风险因素，另一方面可以及时、主动地了解市场动态，进而提升整体竞争力。

### （三）注重供应链物流人才引进培养

首先，要加强人才需求规划，行业内各主体要在掌握市场动态基础上，及时制定与之相适应的人才需求规划，为长远发展做好预备，使人才策略更加有实操性；其次，做好人

力资源工作，在掌握人员状况的基础上，完善招聘和晋升制度，吸引更多优秀人才加入物流行业，并提高现有从业人员工作积极性，对物流行业环境进行客观评估，为提高人才利用率奠定良好基础；最后，在人员培养方面，行业内各主体要定期对所属员工进行教育培训和技能提升，及时更新其知识理论体系、专业技能，满足物流行业现实发展需要。

## 第四节　电子商务环境下的物流管理

近几年来，通过电子商务平台购买商品已经成为消费者较为偏爱的一种消费方式。电商平台满足了很多消费者的购物需求，大部分情况下消费者足不出户就可以买到自己想要的商品。而从电商平台购买的商品，需要通过物流配送才能够到达消费者的手中，所以，当前的消费模式对物流企业提出了较高的要求。为了能够满足消费者和卖家的需求，物流企业必须不断强化自身的管理体系，为消费者和卖家提供更为优质的物流服务，从而更好地适应电子商务环境的发展。

目前电子商务飞速发展，给物流企业的转型和升级提供了较为广阔的空间，促使各大物流企业向服务化、信息化、操作自动化方向发展。在电子商务发展的大背景下，国内物流企业的服务能力获得了较为明显的提升，然而在发展过程中，国内物流企业在基础设施、人才培养、管理制度以及信息化程度方面存在着许多问题，很大程度上限制了自身发展。本节针对上述问题提出解决方法，希望能够为国内物流企业的发展提供一些有用建议。

### 一、电子商务环境影响下的物流管理特点

#### （一）信息化

电子商务平台依托各种先进技术手段，包括大数据技术、信息技术以及互联网技术建立。作为物流企业，在当前的发展阶段应该最大限度地建立与电子商务平台相匹配的物流信息管理系统。物流信息管理系统能够加强企业和客户的沟通交流，对客户需求做到精准化实时把握，使企业最大限度地降低库存，减少运营成本，从而获得较好的利润，为企业的发展提供最大的帮助。

#### （二）自动化

过去的物流管理，通常都是人工操作，而人工操作难免出现失误，效率也难以提升。在电子商务环境下，物流企业更应该加强自动化和智能化方面的研究和应用，使各种商品能够被自动分拣和动态跟踪，最大限度地降低人工成本，降低由主观因素造成的失误，提高物流企业的工作效率。自动化以及智能化方面的应用，可以为物流企业的发展带来勃勃

生机。然而，要较高程度地实现物流管理的自动化，还需要较长一段时间的摸索和实践。

### （三）服务化

当前，我国物流企业的数量增长速度非常快，企业之间的竞争也越来越激烈。各大物流企业想要获得客户，就必须为客户提供更加优质以及更多的增值服务，让客户感到实惠，从而提升对物流企业的信任度，与企业建立长期稳定的物流配送合作关系。由此企业就可提高经济效益，实现战略发展目标。

### （四）基础设施不完善

在我国的物流企业中，普遍存在的一个问题就是基础设施不完善。一方面，由于资金实力不足，企业难以采购较为先进的基础设施设备，难以将内部原有的设施更新换代。有的企业在各项基础设施的建设过程中，没有进行科学合理的规划，使得采购的很多设备和设施难以有效兼容，很大程度上限制了物流管理系统功能的发挥。另一方面，当前很多的国内物流企业在实际工作中对人工的依赖程度依然非常高，难以适应当前电子商务环境发展的要求，导致为客户提供的服务大打折扣，企业在发展过程中面临的风险也越来越大。

### （五）管理制度不健全

国内物流企业普遍没有完善的管理制度作为物流管理的支撑，所以在实际工作中，各项物流工作的质量难以获得保证。很多企业虽然建立了一定的物流管理制度，然而由于漏洞较多，难以实现对各项工作的全方位覆盖，在实际工作中，发挥不了科学的指导作用，对内部管理人员无法规范化管理，各项物流管理工作难以落实等问题的出现都是因为企业没有建立完善的物流管理制度。企业内部各个部门的沟通协调能力比较差，各自为政的现象比较普遍，各种物流信息难以实现实时共享和传递，在管理方式上非常粗放，物流管理工作效率自然低下。

### （六）信息化程度不理想

国内大部分的物流企业管理者的思想仍较为保守，这些管理者普遍认为，要实现物流管理的自动化和智能化，需要投入大量的资金，并且在各种设备设施的保养上也需要较高的成本，所以他们更愿意采用熟悉的人工操作模式，然而这种模式对物流企业的长期发展非常不利。当前的电子商务环境下，企业如果无法实现对有用信息的价值挖掘，就难以有效利用各种数据信息，难以为企业自身的工作提供指导依据。如此发展形成恶性循环，时间越长，企业在同行业的竞争中就会越处于劣势。

### （七）缺乏信息化管理相关人才

行业要获得较快发展，离不开人才，人才的竞争是企业竞争的关键。特别是像物流管理这样的新型企业，必须要拥有思想活跃，具备较强创新意识的管理人才。然而国内的物流企业发展时间较短，各种人才储备工作非常薄弱，对各种类型的人才的需求量都非常大。国内物流企业在人才数量和质量上，与发达国家相比存在不小的差距，国内物流人员的素质，很多时候并不符合当前电子商务环境发展的要求。各物流企业普遍存在人才培养体系不健全的问题，所以国内物流企业必须加强对物流管理人才的培养，只有这样才能让物流企业摆脱当前的困境。

## 二、物流管理应该采取的优化路径

### （一）强化基础设施建设

通常来说，物流企业之间的各项基础设施建设，都存在较为明显的差异，所以各物流企业对自身基础设施进行更新换代的时候，必须根据企业自身的实际情况进行考量，避免出现较大程度模仿同行企业的情况，从而避免企业各物流管理系统运行不正常，功能不完善，难以为物流管理提供优质的服务。对于各种基础设施、软硬件的购买，必须要确保产品的质量以及性价比，确保购买的产品能够稳定、安全地运行。在对企业的基础设施进行完善的过程中，必须要从全局角度出发，避免重复购买，造成资源浪费；对于各种设备也要进行定期维护以及数据的更新，确保各软硬件设施设备和系统运行的可靠性，确保各项设备能够在实际的物流管理工作中发挥最稳定的工作状态，从而为物流企业的健康发展提供更好的保障。

### （二）完善企业内的监督管理

物流企业所在地方的政府，应该对企业做好引导和调控，给予企业较大的支持，完善行业相关的法律法规，给物流企业的发展创造优良的政策环境，保证物流企业拥有较好的市场秩序，保证企业之间竞争的公平和公正。而物流企业内部也要对各项资源进行优化配置，对企业内部的管理人员进行严格的监督，一旦发现问题要及时解决。对于违反企业内部规定的人员要进行相应的惩罚，要对全体员工进行危机意识教育，从而保证工作效率稳步提升，使物流管理工作能够更加适应当前客户的需要以及社会发展的需求。

### （三）使物流平台更加开放

物流企业应该多引进先进技术和设备，使自身的物流平台更加具有开放性，各个环节能够做到有机统一，企业各部门之间沟通顺畅，在解决实际问题的时候能够更加规范快速，使物流企业的发展能够朝着规范化、信息化的方向稳步前行。各大物流企业必须根据自身发展状况和企业发展目标，不断完善物流平台建设，从而实现商品跟踪，精准获取客户需求，满足客户服务、信息查询以及相关的物流配送信息化管理方面的需求，准时高效地将物品配送到客户手中，提高客户对物流企业的满意度，让客户对物流企业产生信赖，从而为物流企业自身的发展创造良好的商机。

### （四）加强培养信息化人才队伍

当前物流企业普遍存在人才不足的问题，很多物流企业都需要补充具有丰富管理经验和拥有较高计算机水平的人才。企业可以加强内部培训，同时也可以通过外部渠道来进行人才引进，从而做好人才储备，提高企业自身的物流管理水平，具体做法如下。

首先，企业内部要定期开展培训活动，将物流管理的各项专业知识和技术传授给员工，提升企业人员专业素养。其次，企业要对内部人员进行职业道德教育，提升全体员工的责任感和使命感，确保企业员工工作更加高效，更加尽责，从而更好地完成自己的工作。最后，企业要在薪酬制度方面，进行合理的制定，广泛吸纳社会优秀人才到物流企业工作，同时可以加强和各高校的合作，招聘优秀毕业生，提升物流企业的人才队伍素质，为企业的长期稳定发展提供强大助力。

电子商务快速发展给物流行业带来了重大机遇，国内物流企业应从管理制度、基础设施建设、人才培养等方面积极探索和努力，完善物流企业内部的各项管理工作，提升为客户服务的能力，从而更好地应对电子商务环境所带来的机遇和挑战，满足更多客户的需求，促进物流行业的健康发展。

# 第三章 新时代物流管理模式研究

## 第一节 工业物流管理模式

当前我国物流业处于探索发展方式和优化结构的阶段，而工业物流和工业发展相生相伴，两者相互促进共同成长。本节对工业物流进行概述，介绍当下我国工业物流的管理类型，并对如何确定工业物流模式以及选择原则进行研究，希望能帮助工业企业找到适合自己的物流管理模式，并通过优化升级物流管理模式，实现企业的进一步发展。

### 一、工业物流概述

我国对工业物流这一新兴产业的内涵还未有统一的定义，即使是《中华人民共和国国家标准物流术语》中也没有相对应的标准解释，但因工业物流发展迅速，我国已有相关学者对其展开了相应的研究。根据相关文献记载，美国是最先提出“工业物流”理念的国家，认为工业物流是以零部件加工为核心、以采购为主要业务的行业。在新时代背景下，工业企业产品的进出口运输将由稳定的平台进行，从而保障工业企业的仓储、运输、配送等协调稳定运行，企业的行业竞争力会提高，社会资源的利用率也将得到提高，企业间经济往来的互动成本会随之降低，现代社会背景下的工业物流管理已经成为为企业提供延伸和成套服务的系统性工程。

随着全球经济不断发展，企业之间的竞争重心渐渐转移，从规模竞争、技术竞争、资本竞争等转向供应链竞争，而工业物流的发展影响了企业的供应链发展，因所含内容不同，工业物流的内涵也开始发生变化。在这样的发展背景下，我国学者注意到了工业物流发展的重要性并开始进行研究，他们认为从原材料到成品，再到货品被送至客户手中，工业物流均有参与，即工业物流实现了对企业供应链资源的控制。

根据上面对工业物流内涵的解释可以看出，工业物流主要在以下两个方面得以体现：首先，核心制造企业所涉及的业务，包括集中采购，协调仓储、运输配送，控制好供应链的资源供应都是工业物流关注的核心；其次，工业物流贯穿企业的整个供应链，从原材料获取到产品配送，工业物流都有参与。

## 二、我国工业物流管理模式类型

同行业的不同规模以及不同区域的企业，其物流管理运行的模式也有差异，我国物流业当前是多种物流管理模式并存的状态。根据现阶段工业企业的供应链物流情况来看，我国主要有四种工业物流模式，即自营物流模式、物流联盟模式、第三方物流模式、第四方物流模式。

### （一）自营物流模式

自营物流模式，顾名思义是以自身的资金和资源建设而成的物流管理模式，具体来说就是企业通过自身的资源整合和投资，配置齐全物料和人员，包括仓库、货车和相关的管理部门。只有规模大、实力强的工业企业才能实施自营物流模式，因为他们有足够的实力去更新物流设备和人员，也能及时使用先进的物流技术。另外，企业实现良好的物流控制是能够控制成本和风险的，所以管理好物流能促进企业的发展。但工业企业最佳的物流管理模式并不是自营物流模式，工业企业需要根据自身的实力情况来选择，包括企业的物流技术、物流管理基础、规模情况等。自营物流模式还有投入大、收益慢的特点，普通的中小企业根本无法承受这样的压力，所以自营物流模式并不适合中小企业使用。

### （二）物流联盟模式

物流联盟模式指的是企业根据自身需求，为取得比自营物流更好效果的目标，选择两个或两个以上的经济组织达成长期稳定的合作，是一种介于企业独立和市场交易之间的一种组织形态。一旦达成了联盟，企业间就是合作关系，共享收益的同时也需要共担风险。当然，这种合作关系只是物流上的优势互补，将物流优势最大化地表现出来，企业其他的经济活动并不会因此受到影响。

### （三）第三方物流模式

第三方物流英文为 Third-Party Logistics，简称为 3PL 或 TPL。这种物流方式的发货人是第一方，收货人是第二方，企业将发生的日常物流业务直接委托专业的物流公司处理，即第三方。企业只需要通过物流系统与委托的物流公司保持密切联系，掌握物流运转的相关情况即可。这样不仅实现了物流的专业化管理，还能帮助企业留出更多的时间和精力去经营好自己的主营业务。根据当下的市场情况可知，3PL 最为常见的就是报表管理、信息管理、仓储管理、海关代理、咨询处理等可以从企业分离出来的业务。也就是说，第三方物流模式就是企业将自己的物流业务通过合同代理的方式交给专业的物流企业处理，这样企业的物流能得到更加专业化的管理，帮助企业提升核心竞争力，取得进一步的发展。

### （四）第四方物流模式

第四方物流的英文为 Fourth Party Logistics，简称 4PL。这个概念最早是在 1996 年由安达信咨询公司（2001 年更名为埃森哲咨询公司）提出来的，其具体指供应链集成商，能给企业提供不同的能力、资源以及技术，帮助企业进行提升整合。

## 三、物流模式选择的目的与原则

### （一）物流模式选择的目的

在多种物流管理模式并存的环境下，因企业管理者对不同物流管理模式的认知不足，企业很难选择正确的物流管理模式，使得部分企业无法通过完善物流管理来提升企业的核心竞争力。工业企业若能使用合理有效的物流模式，即可实现以下几个目的。

#### 1. 合理有效地利用物流资源

工业企业大都具有一定的物流基础，而工业企业若没有合理的物流管理模式，必定会造成物流基础资源的浪费。所以，若工业企业能合理选择物流管理模式和管理理念，就能将物流基础资源最大化利用起来，使企业竞争力进一步提升。例如，选择自营物流管理模式的工业企业不仅能合理利用原本的物流基础资源，还能提升自身的物流管理能力以及物流设备的专业度；选择物流联盟管理模式的工业企业，不仅要清楚自身的物流基础情况，还需要清楚其他合作方的物流资源情况，然后将资源结合在一起，实现物流资源利用的最大化，效益的最大化；选择第三方、第四方物流模式的企业，应该将自身的物流资源进行合理整合，使企业的物流资源和可调动的社会物流资源得到合理利用。

#### 2. 提高企业的物流管理能力

企业只要选择了合适的物流管理模式就能找到适合自身发展的物流管理方式，然后随着物流管理模式的不断优化和调整，最终形成最适合自己的物流管理方式。后期随着企业主营业务的发展和物流技术的发展，企业就能实现供应链整体的优化升级，即实现规范化的运作和管理。

#### 3. 加快我国物流业的发展

若企业都能选择适合自身的物流管理模式，企业自身的物流管理水平就会得到提升，而企业本身就是社会的组成部分，所以也会直接推动社会物流业的发展。另外，在这样的物流环境下，企业对物流管理的真正需求会被激发、释放出来，这样我国现存的物流模式，包括第三方物流模式以及第四方物流模式都会获得较大的市场发展，从而使我国物流水平整体得到较大的提升。

### （二）物流模式选择的原则

1. 从企业自身实际情况出发的原则

企业需基于自身的实际情况来选择物流管理模式，否则选择的物流管理模式很可能不适合企业的发展。这里所说的企业情况包括企业的物流技术能力、物流资源情况、业务规模情况、地区物流水平、物流需求情况等。总而言之，企业应该选择适合自身情况和自身发展的物流管理模式。

2. 效率优先原则

企业要以是否能带来实际效果为导向来选择合适的物流管理模式，从而最大程度挖掘企业本身所具有的物流资源并将其最大化利用，再结合后期先进的物流管理技术，完成企业物流的最优化管理。

3. 供应链整体物流能力最大化的原则

企业选择物流管理模式时还需要考虑企业自身的供应链情况，即企业供应链对物流的需求程度，保障选择的物流管理模式能充分满足企业供应链的物流需求，可以更好地支撑企业间的沟通衔接，最大化地发挥出供应链的物流作用。

4. 战略前沿性原则

我国的物流业和工业都在迅速发展，所以工业企业在选择物流管理模式的时候还要将企业的未来发展情况考虑在内；而企业发展本身需要承担一定的社会责任，因此还需要考虑物流行业的未来发展。通俗来说，就是选择物流管理模式的时候要具有一定的超前意识，从而实现企业物流的可持续发展。

## 第二节　第三方物流管理模式

随着时代不断发展，物流管理工作显得越发重要，物流管理和供应链管理作为现代化企业生产经营过程中的重要组成部分，需要从一般意义中的制造活动中脱离出来，以此满足社会发展的实际需求。在供应链管理中，第三方物流作为其中的重要组织形式，对于提高企业的市场竞争力以及促进整个物流行业的发展有着十分重要的作用。本节将对第三方物流管理及其信息系统进行分析研究，探索其下一步发展方向。

在市场的运转过程中，部分制造企业会将物流业务承包给第三方物流企业，从而分散自身的业务压力，将更多的关注放在提升自身的市场竞争力方面。制造企业关注制造等环节，而物流企业更加重视货物的运输以及仓储，从而合作双方互利互惠。由此可见，第三方物流在制造生产中的各个环节都起着承上启下的作用，并担任着业务流程协调、编排的管理角色，对于企业的正常运转具有十分重要的意义。

## 一、第三方物流概述

随着我国经济的迅猛发展，第三方物流逐渐出现在了市场运转之中，并且占据了重要的地位。在我国物流行业的发展中，第三方物流是中间商提供的相应服务，通过合同签订的方式，在一定的时间内为需要的企业提供特定的物流服务。由此可见，第三方物流企业是一个为外部客户服务的企业，因此，不能将第三方物流企业归并到供应链之中，它只是单纯的第三方运输。近年来，随着网购的发展和普及，我国的物流行业快速发展，第三方物流也得到了越来越多的关注，并成为我国经济发展的全新增长点。

## 二、信息系统对第三方物流的重要性

近年来，随着信息技术的发展与普及，我国的物流行业逐渐朝着现代化的方向发展，建立了相应的新一代物流信息系统，以此不断提高物流行业的工作效率以及服务质量。为了建立完善的第三方物流信息管理系统，相应企业需要积极使用互联网、EDI 等先进的信息技术，通过特定的网络平台将第三方物流企业的各个经营网点进行有效联结，以此实现系统化的管理，为第三方物流企业的发展带来一定的积极影响。此外，第三方物流管理战略的实施不仅可以使企业内部的资源配置逐渐完善，还能够利用网络实现与生产商、供应商、客户或者是相关部门的联合行动，从而达到信息资源共享的目的，以此对货物的转移实施全面跟踪及有效控制。

## 三、第三方物流管理模式中存在的问题

### （一）理念落后，服务没有质的改变

目前，我国第三方物流企业的发展面临着很大的挑战，我国相关企业经验欠缺，物流管理模式没有根据时代的发展而做出相应的调整，管理理念相对落后，导致第三方物流企业无法全面掌握客户的实际需求，客户对企业难以产生依赖性，这对于第三方企业提升市场竞争力具有一定的不利影响。为此，企业的相关负责人应该积极转变管理观念，明确客户的实际需求，从而实现双方合作时经济效益的最大化，为第三方物流企业的发展带来积极影响。

### （二）物流功能服务过少，增值服务是弱项

在第三方物流管理的管理模式中，其增值服务存在一定的缺陷，主要表现在两个方面，一个方面是第三方物流企业无法全面掌握客户需求，另一个方面是部分制造企业认为国内

的物流企业并不多，因此自己开展物流工作，从而使第三方物流企业的业务开展存在一定的困难。因此第三方物流企业在发展初期，应该做好低盈利的心理准备，并且积极了解客户需求，让客户主动外包物流工作。

### （三）渠道少，经营管理有很大的发展空间

就目前的发展情况而言，第三方物流企业与传统物流企业之间的协调合作相对较少，并且相应的互联网资源也缺乏系统管理，因此使得信息缺失，双方难以进行有效的交流沟通。不仅如此，第三方物流企业在与客户的合作过程中没有实现信息资源的共享，因此无法成为互利互惠的合作伙伴，很大程度上制约了第三方物流企业的发展。

## 四、第三方物流信息管理系统的发展建议

### （一）政府创建有利于第三方物流发展的政策环境

为了使第三方物流企业得到更好的发展，政府可以从三个方面给予帮助，分别是配套设施的供给、相对应的扶持计划、活动制度的制定。政府对于物流行业的扶持不但可以确保相关企业可持续发展，还可以加快我国物流行业系统化、国际化进程。政府可以对物流活动进行统筹规划，实现各个职能部门有效对接。此外，在配套设施方面，政府的大力支持可以促进第三方物流的现代化发展，使其不断完善相应的运输网络，实现仓储配送一体化，从而为我国第三方物流的发展带来积极影响。

### （二）企业吸收资金，加速发展

在我国第三方物流的发展过程中，资金的缺乏是制约相关企业发展的重要因素。因此，为了使第三方物流持续稳定发展，相关企业应该不断拓宽融资渠道，以获得大量资金支持，从而推动企业发展；政府可以根据行业发展需求，制定有针对性的物流企业银行贷款条例，从政策上积极扶持第三方物流企业。

### （三）企业间加强联盟，资源共享

就我国第三方物流企业的发展现状来看，企业的规模相对较小、投资成本也相对较低，同时服务项目单一，并且行业竞争激烈、无序。为此，政府相关部门应该根据行业发展现状，制定有针对性的政策，比如税收政策支持、简化审批程序等，以此鼓励第三方物流企业与其他企业进行合作。在这些物流企业中，尤其是中小型的第三方物流企业，更是需要与其他企业进行合作、协调、联盟，从而使自己的市场竞争力不断提高，促进自身进一步发展。

### （四）企业创新服务，谋求个性

在我国第三方物流企业发展过程中，为了实现可持续发展，必须要对企业的管理理念

以及管理方式进行创新，实现个性化发展，提升企业的核心竞争力。对此，第三方物流企业可以通过现代化的信息技术，利用中小型第三方物流企业数量大、分布范围广等特点，创建一个网络化发展的物流组织。在物流服务方面，相关企业也要进行积极创新，充分了解客户的实际需求，借鉴国外先进的管理经验以及相关技术，为客户提供更为优质的物流服务。此外，企业在管理制度上也要进行创新，要根据时代的发展特点，建立科学、合理的管理模式。

综上所述，随着社会的迅猛发展以及信息技术的不断进步，我国第三方物流的管理模式和信息系统也要随之发展创新，以此来加快我国第三方物流的国际化、网络化以及专业化进程，为我国物流行业的持续、稳定发展带来积极影响。

## 第三节　供电企业物流管理模式

新时代背景下，供电企业原有的物流管理模式已经无法满足社会发展的需求，需要供电企业对物流管理模式进行创新改革，从而形成科学、规范的物流管理模式，提升供电企业的物流管理工作质量。本节就现阶段供电企业物流管理模式存在的问题以及新时期供电企业物流管理模式的创新策略进行简要论述。

近年来，大众的用电需求越来越高，供电企业需要不断提升企业的工作效率与质量，满足新时期人民群众对电力的需求。为了提高供电企业的电力输送能力，供电企业物流部门必须对物流管理模式进行创新，通过增加物流管理资金、技术投入以及人才培养，提升物流管理水平。

### 一、现阶段供电企业物流管理模式存在的问题

为了满足人民群众对电力的需求，供电企业需要对企业的发展现状进行分析，而物流部门参与了物资供应链的各个环节，包括审核、上报需求并完成物资采购，合理安排物资生产，严格把控物资进网质量，根据工程建设进度及时将电力物资配送到位，对施工过程中剩余的物资进行调拨再利用等。供电企业应当高度重视物流管理，采用科学的方法对物流管理模式进行创新，解决供电企业物流管理模式存在的问题，从而提升供电企业的工作效率。现阶段供电企业物流管理模式存在的问题如下：

第一，供电企业物流管理的组织机构存在问题。供电企业的物流管理工作方式主要是层级管理，以上级管理下级的方式开展工作。供电企业根据自身的发展需求设有物流中心，但由于这种管理模式存在问题，供电企业的物流管理无法顺利开展。在对物资供应链的管理中，需要企业多个部门配合，完成需求上报、物资采购、物资品质管控、物资供应及配送等环节，而在供电企业的现阶段的物流管理模式中，各个部门缺乏有效的沟通交流，完

成配合工作耗时长，物流运输速度过慢，物流成本过高，阻碍了供电企业的发展。

第二，供电企业物流管理的流程存在问题。供电企业开展物流管理工作时，需要工作人员按照物流管理的流程开展工作。供电企业现阶段的物流管理模式属于传统模式，物流管理工作的各个环节耗时长，效率低，同时缺乏有效的物资供应链沟通管理机制，物资采购、存储、配送等各环节的信息传递耗时长，信息强度弱。供电企业物流管理没有科学的管理流程，影响了物流管理工作的效率和质量。

第三，供电企业物流管理缺乏信息化建设。随着社会的发展，信息化已经广泛影响了各行各业，有效提升了企业的工作效率与工作质量。目前国内外大型企业的物流管理已出现无人化、数字化仓库的趋势，而供电企业的物流管理工作仍缺乏相应的信息化建设，使供电企业物流管理工作出现了效率低下的情况。供电企业物流管理缺乏信息化建设，工作人员采用原始的手工记录或人工信息录入等方式，极易出现信息记录错误、信息内容遗失等情况，无法有效传递物流信息，使供电企业的运行缺乏相应的数据支持。

第四，供电企业物流管理缺乏人员建设。在供电企业物流工作的开展过程中，除了先进的科学设备，还需要专业的工作人员。在现阶段的供电企业物流管理中，缺乏专业的工作人员队伍，使物流管理工作无法科学开展，降低了物流管理的工作效率。供电企业需要根据企业物流管理工作的方向，选择适宜的工作人员，使物流管理工作能够符合供电企业的发展方向，满足社会发展的需求。

## 二、新时期供电企业物流管理模式的创新策略

### （一）有效整合供电企业物流管理组织机构

为了提升供电企业物流管理的工作质量，供电企业需要建立有效的沟通管理机制，通过物资供应链中各个环节的有效配合，优化供电企业物流管理的工作内容，提升物流管理模式的工作效率。首先，供电企业应当就原有的物流管理组织机构进行整理分析，将工作内容相近的层级科学整合，减少物流管理组织机构的部门类型，缩减不必要的人员配置。其次，供电企业完成物流运输工作需要多个部门配合，物流管理组织机构应当增加各个部门的沟通交流，使各个部门之间能够及时了解物流工作的运行情况，从而加强供电企业对物流管理的监控力度。最后，供电企业需要明确物流运输中各个岗位的工作职责，建立相应的管理机制，使各个岗位之间能够形成约束管理的状态。通过整合供电企业物流管理的组织机构，可以有效提升供电企业物流的运输速度，降低物流运输成本，全面推进供电企业稳定发展。

### （二）建立规范化的物流管理流程

供电企业在进行物流管理工作时，需要建立规范化的物流管理流程，使物流管理的各个环节有效开展工作，提升供电企业物流管理的工作质量。供电企业通过物流管理中的采

购、储存、运输等环节建立规范化的管理流程，可以增加各个部门之间的反馈沟通，提升物流运输工作的工作效率。首先，供电企业建立采购工作的管理流程，通过建立采购标准，选取优质的供应商，建立长期合作关系，进行统一采购工作，可以降低供电企业的采购成本。其次，供电企业建立储存工作的管理流程，工作人员将所需物品采购至仓库后，需要仓库管理人员对物品进行入库登记，定时盘点物品数量，合理分配仓库的储存空间，避免物品在仓库管理过程中出现破损。最后，供电企业需要建立运输工作的管理流程，在进行物流运输工作时，需要工作人员对运输方式进行合理规划，选取科学的物流运输路线，从而降低物流运输的成本。

### （三）加强供电企业物流管理信息化建设

供电企业在进行物流管理工作时，为了提升物流管理的准确性与及时性，可以加强信息化建设。首先，供电企业应当建设符合社会要求的物流信息管理系统，通过对电力物资的采购、仓储、配送等内容进行信息化存储管理，确保物流管理的准确性、规范性，避免出现信息登记失误的情况。其次，供电企业可以根据企业发展需求建立大型数据平台，将物流运输中的零散数据汇总整理，使数据实现精准管理，提高数据管理的效率，为后期开展物流运输工作提供保障。最后，供电企业要加强物流管理的信息化建设，借助新科技，利用移动终端及条形码等，通过扫码实现物资数据信息录入，避免出现物资信息的人工录入错误或缺失等情况，从而提高供电企业的物流管理水平。

### （四）建设供电企业物流管理人员队伍

加强供电企业物流管理人员队伍建设，可以有效提升物流管理模式的工作效率，减少物流管理中不必要的支出，促进供电企业健康稳定发展。供电企业的物流管理工作人员需要根据实际工作，熟悉各类电力物资，掌握供电知识、信息管理知识，培养统筹协调的能力。建立高能力的物流管理人员队伍，可以提升物流管理工作的效率，使供电企业的物流管理模式与新时期社会发展的方向一致。

综上所述，物流管理模式对供电企业的发展具有重要的影响，对物流管理模式进行创新，可以提升物流管理的工作效率和工作质量，降低物流运输、仓储管理等各环节的成本，使供电企业的发展符合新时期社会发展的要求，为电力建设提供坚实的物资供应保障，促进供电企业可靠运行。

## 第四节　大数据的智慧物流管理模式

智慧物流必须基于大数据进行构建，因此厘清大数据的内涵，辨析大数据与我国物流业的关系，界定智慧物流的含义，列举利用大数据构建智慧物流管理模式的方法，是对培育高端智能、新兴繁荣的产业发展新生态的有益探索。

## 一、大数据的内涵

### （一）大数据的概念

近些年，“大数据”一词逐渐普及。万事万物似乎皆与大数据（Big Data）有所关联。大数据、智慧物流、“云”、人工智能、物联网，这些词语经常并列出现，屡被提及。

对于大数据的定义，众说纷纭。最早提出“大数据”一词的麦肯锡公司认为，“大数据是指大小超出了典型数据库工具收集、存储、管理和分析能力的数据集”。英国牛津大学教授维克托·迈尔-舍恩伯格则认为，大数据是人们获得新认知创造和新价值的源泉，是改变市场组织机构以及政府与公民关系的方法。综合各家之说，作者认为，大数据是指数量巨大、类型众多、结构复杂、有一定联系的各种数据所构成的数据集合。

### （二）大数据的特征

可以用5个字母“V”开头的单词来概括大数据的特征。一是Volume，大数据的特征之一是数据量巨大。数据量级早已不是太字节（TB）那么简单，而是以拍字节（PB）计、以艾字节（EB）计、以泽字节（ZB）计，甚至是以尧字节（YB）计、以千亿亿亿字节（BB）计了。二是Variety，大数据的特征之二是类型特别丰富，其具有社交平台、视频、音频、图片、文字、地理位置、用户使用习惯等多种思想行为痕迹。对这些痕迹进行记录、分析和总结，需要大数据拥有高级的算法和高超的计算能力。三是Value，大数据的特征之三是价值高。大部分的社会人士都生活在大数据中，一言一行，所思所想，几乎皆可以用大数据进行描绘。在这张无孔不入的数据网中，不同的侧面分析可以得到不同价值程度的数据。对这些数据的开发和利用，是大数据时代最为根本、最为直接的问题。四是Velocity，大数据的特征之四是速度快。在大数据时代，数据快速产生，快速传播，快速利用，快速更替。对大数据的现实需求，必须实时处理，就地解决，在时间和空间上基本没有什么差异。反观以往处理传统数据需求时，更多是有异时或异地的时空异步的，甚至这种时空异步还比较大。五是Veracity，大数据的特征之五是真实性。通过对大数据的高效、快速处理和分析，得出描绘准确、指向清楚、行之有效的信息，可以为大数据的利用者提供实时、同步、准确的信息支持。

在这个算法日新月异，计算能力奔轶绝尘的时代，数字云、物联网、人工智能等高新技术风起云涌，大数据的产生和发展犹如宇宙大爆炸论。对这些浩如烟海的大数据进行收集、记录、合并、分析、演绎、推理、预测，在宏观上，对整个社会具有不可估量的历史值，在微观上，对具体行业或个别公司具有极高的商业价值。具体到物流业而言，大数据对于挖掘行业潜力，提升服务水平，有极好的效果。

## 二、大数据与中国物流业的关系

国家发展改革委与中国物流与采购联合会在2019年3月共同发布了《2018年全国物流运行情况通报》：2018年全国社会物流总额283.1万亿元，按可比价格计算，同比增长6.4%，增速比上年同期回落0.2个百分点。2018年社会物流总费用13.3万亿元，同比增长9.8%，增速比上年同期提高0.7个百分点。社会物流总费用与GDP的比率为14.8%，比上年同期上升0.2个百分点。从该通报可以看出，社会物流总额保持平稳增长，我国物流业正在健康有序地发展；社会物流总费用与GDP的比率略有回升，我国物流业成本问题虽有改善但仍居高不下，与欧美等发达国家相比，还有较大的改进潜力。

科学认识大数据与物流之间的关系，有助于在大数据持续发展的环境下，因势利导，降低我国物流业成本。

### （一）大数据与中国物流业的精准化

随着人类在科技树上越攀越高，中国借助“互联网+”和“大数据”，利用第四代通信技术、物联网、人工智能以及其他先进技术，逐步实现了物流业的精准化。例如，相对于美国的GPS，我国自主研发的北斗卫星导航系统，具有更为精良的后发优势，搭配我国建成的全球最大面积、最密集、最宽频、最稳定的4G通信网络，形成了远程、立体、实时的监控系统，中国物流业的绝大部分运营企业和服务群体都可以随时查看货物的运输轨迹和货物状态。

### （二）大数据与中国物流业的高效化

中国物流业在运输、仓储、包装等流通加工环节，通过大数据已经实现了流程再造，达到了智能识别录入、自动分拣装卸、云数据实时共享、数据开发利用、运输规划优化、配载经济合理等效果，大幅节约了人力、物力、财力，提高了运输与配送效率，降低了物流成本。中国高速铁路系统的飞跃式发展，就是中国物流业进步的一个标志。中国铁路依托大数据，整合客货运信息，打造完整数据链条，理顺了工作流程，合理调配分工，提高了工作效率。铁路网上售票和货运管理平台，极大改善了中国铁路信息化发展滞后的情况。

### （三）大数据与中国物流业的优质化

大数据使得中国物流行业实现了信息的采集与共享、分析与利用的统一。通过大数据，中国物流业的每一个企业都可以针对未来市场和竞争行为做出预测与判断，从而及时调整经营战略和资源配比，减少损失，增加盈利。物流企业还可以通过大数据分析客户行为习惯，整合市场资源，增强与客户长期合作的默契，满足客户的个性化需求，不断改进与提高物流服务的质量。配送精准、流通高效、服务优质，这三个特点标志着中国物流业已经从传统的功能物流进化为先进的智慧物流。

## 三、智慧物流的含义

智慧物流的概念，是由国际商业机器公司（IBM）首先提出的。在此基础上，2009年中国物流技术协会、华夏物联网、《物流技术与应用》又联合提出了新的智慧物流概念。智慧物流就是指在传统物流的基础上，利用智能化的技术，使得物流系统在某种程度上拥有人类智慧，从而自主处理相关物流事件或是突发状况。也可以认为，智慧物流就是依托大数据技术对物流信息进行整合共享、实时管理和强大分析的过程。物流信息畅通无阻地进行传输和交流，在供应方、采购方、物流企业、政府部门之间不断整合和共享。不同数据平台的物流信息不断汇集，形成一条完整的数据链，以数字云、物联网和北斗卫星导航等高科技为支撑，实现运力最优调度、货物及时跟踪以及全程安全监控，并对整个物流体系和物流过程中产生的原始数据进行全面收集、高效处理和模糊分析，迅速建构各种数理统计模型，及时针对物流状况做出科学评价与合理预测。

智慧物流是中国物流发展到一定阶段的产物。智慧物流出现的根本目的，就是追求更好的服务质量与更低的服务成本。从智慧物流企业目前的经营状况来看，企业运作成本更低，企业工作效率更高。智慧物流企业配送更快，人工更省，自动化水平更高，企业经济效益更好，企业之间合作更加紧密，经济效益得到进一步提高。

## 四、基于大数据的智慧物流模式的框架的构建

基于大数据的智慧物流模式的框架的构建包括四个层次的建设：感知端、传输端、大数据云端系统、应用端。具体实现步骤如下：

第一步，感知端主要通过智能感知技术、传感技术和通信技术等对物流信息和客户信息进行搜集和分类；第二步，传输端通过互联网等技术，及时、安全地传输感知端收集的信息；第三步，大数据云端系统把传输端获取的数据进行处理和管理，把各种数据储存在云端系统中，并通过云计算，为操作者提供各种统计数据、信息查询等；第四步，是应用端的设计，智慧物流的应用端设计离不开对数据信息的分析处理，同时可以按实际需求来设计不同的平台模块，企业根据各自的发展需求在基础功能上完善其他增值服务功能。

## 五、利用大数据构建智慧物流模式的措施

在大数据时代，构建智慧物流模式，主要通过以下措施：

### （一）加快高新技术突破

应该集中力量突破智慧物流建设的三大关键技术：信息技术、智能装备、系统集成。

信息技术，就是获得信息、传输信息、处理信息的技术。目前而言，获取信息的最基本的技术就是射频识别技术（RFID）与定位导航系统；传输信息的最基本的技术有4G乃至5G通信技术、物联网（万物互联）和区块链（去中心化）技术；处理信息的最基本的技术就是我国的超级计算机技术。智能装备就是在智慧物流系统中，发挥智能储备、智能包装、智能运输、智能分拣和智能配送作用的设备。系统集成，是指在结构化综合布线系统以及计算机技术所提供的平台上，将分离设备的功能集中统一互联，从而实现高效的资源共享管理。

### （二）建立物流企业联盟

物流公司，特别是跨境业务较多的物流公司，独自构建整个营运网络，成本肯定居高不下，对社会资源也是一种浪费。组建物流企业联盟，可以实现资源整合，降低物流成本，提高配送效率，实现共赢。物流企业联盟，最主要是要做到两个共享，即仓储配送中心共享与物流数据平台共享。物流企业联盟可以集资共营，科学选址，做好仓储配送中心布局，充分利用仓储配送中心的最大使用价值；在物流数据平台上，实现物流信息共享，既为当次物流行为做好记录、规划、跟踪，又为下次物流行为提供预测、研断和准备。通过大数据的不断累积，物流企业联盟的每一个成员所提供的物流服务都将更加精准、更加高效、更加优质，物流成本持续下降，物流品质不断上升，群众获得服务，企业获得发展，社会效益与经济效益都将得到更好实现。

### （三）加强人才队伍建设

中国物流企业，特别是智慧物流企业对高级人才、专业人才的需求越来越大，越来越迫切。既懂高新技术，又懂物流管理的复合型人才，稀少而珍贵，又面临着其他行业的人才争夺。智慧物流的核心是大数据技术，而大数据技术最核心的就是人才资源。只有源源不断的人才供应，才有生生不息的数据生态，才有完美闭环的产业链条。培养智慧物流人才，需要企业、政府、学校的共同努力。企业方面要注重对员工的再培养和再开发，只有在一线实践过的员工，才是真正能为企业、为智慧物流提供实践经验和发展能力的好员工。政策方面，政府可以在各种税费方面给予减免，在各种倾斜鼓励方面给予支持，让企业大胆起用、放心培养自己的人才队伍，增加行业类别，乃至社会整体的智慧总量和人才基数。学校方面，要完善教学实践体制机制，不仅要培养理论基础扎实的学生，还要培养社会实践丰富的学生。一名合格的高等学校物流专业或大数据专业的毕业生必须具备理论联系实践，动手解决问题的综合能力。

2016年，国家发展改革委在《“互联网+”高效物流实施意见》中指出，要依托互联网等先进信息技术，创新物流企业经营和服务模式，将各种运输、仓储等物流资源在更大的平台上进行整合和优化，扩大资源配置范围，提高资源配置有效性，全面提升社会物流效率。重点打造好“互联网+”车货匹配、“互联网+”运力优化、“互联网+”运输协同、

“互联网 +”仓储交易、“互联网 +”物流企业联盟、“互联网 +”供应链管理。这是一个大数据的时代，物流在大数据时代必然进化成为智慧物流。大数据技术越先进，智慧物流的发展就越成熟，基于大数据构建的智慧物流模式，必将在新世纪、新时代获得更高、更快、更强的发展，更好地为人类命运共同体服务。

## 第五节 农产品的第三方物流管理模式

我国大体上实现了以农产品为主的物流管理中心模式，集约化交易是农产品发展和销售的基础。即使现在农产品的货物流通已经发生了明显的提升和变化，但整体上仍然存在一些问题和不足，如管理机制不够具体，思想先进性不足等，使得目前我国农产品的货物流通工作效率不高，投入的资金较多，获得的利益较少。本节就我国农产品物流管理存在的问题进行分析和研究。

### 一、农产品物流运用第三方物流管理的有效价值

#### （一）有效整合物流资源，提升资源实际运用率

以往的农产品物流管理模式，主要是针对一些零散的物流资源进行整合和管理，比如：一些车辆和存货库等在物流工作较多时严重不足，当物流工作较少时又闲置下来，使得资源在一定程度上被浪费。第三方物流参与其中，能够有效整合物流信息和资源，针对实际情况对资源进行综合管理和调配，减少浪费。

#### （二）加大资金投入，改进物流设施

农产品在运输和储存过程中需要一定的低温冷藏管理，以保证产品质量，所以仓库的成立对农产品保管具有一定价值。配送集团需要根据实际情况建立更加信息化、数字化和自动化的管理模式，这些都需要投入大量资金作为基础。在以往的农产品运输中，负责运输的企业并不能向物流投入过多的资金，因为会对主营业务造成较大的影响。不过在第三方物流管理模式下，可以针对物流运输和保管等获取更多的资金，以有效拓展物流业务的规模，不断提高新时期下农产品的物流配送效率，极大地减轻农产品生产经营企业的负担。

#### （三）提升信息量，促进产品流通

农产品一直集中在农村进行开发、生产，农村发展不够成熟，信息资源易出现堵塞现象，很多农产品无法寻找到适合发展的销售商。同时，信息不发达、无法流进流出，也使得销售商无从获知这些具有丰富农产品的供应商，造成了农民发展阻碍。基于第三方物流管理模式，农村信息流通比较快，信息比较发达，具有先进设施设备，可以适当构建一些

网络体系，及时、有效、准确地收集相关信息，向农民提供市场变动信息和资源，还能够有效将供应商和销售商紧密联系起来，促进农产品的流通。

### （四）缩短配送时间，增加利润

农产品配送时间越短，其自身的价值和作用就越容易保持，一定程度上可以减少农产品的浪费，减少资金投入，提升企业竞争力，从而获得超额利润。第三方物流可以使物流设备更加全面和完备，加上信息技术的高速发展，农产品信息资源的交流和共享能够在信息化条件下瞬间完成，物流运输配送方案可以在一瞬间计划完成，能够最大限度地减少物流运输时间。

### （五）减少资金投入，提高工作效率

以往的农产品物流管理是建立在各个零散供应点个别运输的基础上的，物流不够集中，设备不够先进，很难形成集约化、规模化的管理形式。而第三方物流管理模式专业化程度较高，市场分布较广，能够一定程度上实现统一安排，对物流资源和信息实施统一管理，可以最大限度地减少资金投入，优化资金配置，提高物流工作效率。

## 二、农产品流通发展现状分析

我国经济水平不断提升，人们的生活水平和消费水平持续提高，经历了多年的农产品运输和销售，市场上已形成了一定的买卖模式，农产品的运营发展趋势在不断发生变化，已经逐渐从以往的销售形式转变为以消费者需求为中心的运营思想和理念。在互联网发展大背景下，网上促销已经成为农产品销售的主要方式，不过现在的农产品物流发展还不够先进和理想。比如，在流通和交易过程中的步骤较多，使得流通效率和质量不高。以往农产品要经过生产地、生产者、购买商、市场等多个步骤后，才能够到达消费者的手中。也就是说，农产品在流通中需要经历很多步骤和环节才能够实现消费者的购买，在这些流程中需要投入大量的资金，减少了农产品的盈利，降低了流通效率。而且，在旧有形势下运输条件不足，使得农产品自身的经济价值逐渐减少，在一定程度上造成了经济损失。在农产品运输中合理使用第三方物流管理，可以对其进行有效管理和完善，逐渐减少因为运输和流通带来的负面影响，以此不断增加经济利益。

## 三、农产品实施第三方物流管理模式的有效方法

### （一）政府给予的改进方法

#### 1. 成立农产品物流管理协会

物流管理协会应具备以下四方面的职能。第一方面，协助行政管理部门，从专业角度

对物流的有效发展进行行政管控和实施，有效规范物流管理中出现的不足。第二方面，依据第三方物流发展情况严格制定未来发展的方案。第三方面，根据实际情况有效制定和规划物流发展的具体标准。第四方面，要规范物流发展的规章制度等，根据相关法律规定和实际情况制定经营管理原则和模式。构建一体化发展的物流管理协会，将行政部门需要执行的部分社会管理职能转给协会进行管理，此方式能够有效提升管理效率和质量，还能够有效加强物流管理的有效性和及时性，能够更好地发挥协会对农产品的掌握和了解的优势，减少管理过程中外行管理的情况。在实际管理中，物流管理协会要根据规范的管理形式，严格的规章制度，最大限度减少国内产品因缺少一体化管理标准出现的问题，促进农产品在社会上可持续发展和进步。

在第三方物流基础上的农产品运输和发展能够满足现在客户的需求，为人们提供满意的农产品资源，依据客户的需求和特点为其提供服务。在物流配送和运输中，要为客户严格追寻和跟踪物流信息，提供充足的物流信息服务体系，不断提升客户对物流信息的满意程度。

#### 2. 政府提升对农产品的有效扶持

在第三方物流管理模式下，政府应发挥一定的职能和作用，首先应该是法律法规上的支持。针对第三方物流管理模式建立健全相应的法律法规，有效促进第三方物流管理实施，从地方性法规入手，提高对农产品运输流通各个环节的要求，间接压缩零散低效的物流方式，使得物流管理更加有效和及时。同时，针对农产品第三方物流管理企业，提供一定的政策优惠，比如给予企业土地使用权和资金借贷上的优惠，对部分供应量较大、管理模式创新的企业给予税收减免鼓励等。

建设农产品物流体系要整合农业产业，将一些散布在社会上的零散资源作为基础进行整合，在正式运输过程中，要依据现在大型农产品物流发展的数字化、集约化、自动化形式进行。政府应充分利用农业发展的资金，牵头与农产品物流管理协会建立信息平台，收集社会上农产品信息，以共建共享为原则，促进农产品信息流通，对于部分优秀产品，可以在政府建立的公众平台上适当加大宣传推广。

### （二）企业方面做出的有效改进

#### 1. 增强对第三方物流服务的有效认知

农产品发展朝着现代化、信息化、自动化趋势转变是我国农产品发展的基础和关键，农产品第三方物流管理的实施能够有效提升流通效果，减少资金浪费，增加农业企业的经济收入，合理规范市场管理模式，提升农业发展的现代化水平。不过现在依旧有很多农业企业没有意识到第三方物流的有效价值和作用，对物流管理还有一定的抵触心理。所以，要对农业企业开展第三方物流服务的有效价值的宣传、培训等推广，增强农业企业对第三方物流的认知和理解，为第三方物流提供更广泛的发展空间。

2. 构建有效反应体系，提升服务能力

第三方物流企业要构建一个有效反应体系，通过业务流程再造和信息化手段，提升反应能力，以满足客户的多样性需求，并且需要以全面系统的设备和技术形式，对农产品流通的各个环节进行一体化安排和管理，以提高农产品的流通质量和价值。同时，第三方物流企业要注重把服务意识融入工作流程和制度规范，加强企业人员的服务意识和综合能力。

3. 对农产品物流信息进行有效管理

为有效实现农产品流通各环节和步骤的无缝连接，第三方物流企业要建立一个具备实时性和包容性的信息传递和处理系统，既能够对流通环节的物流数据信息进行及时采集、反馈、监控，保证流通质量，也能够通过对接政府和协会建立的公共信息服务平台，将外部信息资源和外部服务体系有效结合，实现物流信息的群体共享。

4. 与第三方物流企业构建有效合作机制

第三方物流企业和农业企业不是单纯的交易关系，而是处在经济市场发展中的合作伙伴。第三方物流企业不仅要了解和掌握农业企业的需求，同时要与农业企业建立有效合作机制，首先，物流企业要从流通过程的作业标准化入手，与农业企业在作业规范、技术标准、文件格式、设备参数等方面实现全面对接，提高合作的便利和效益，降低合作成本。其次，物流企业要根据农业企业情况，共同制定年度或季度的业绩目标，让合作双方都参与实现目标的过程，形成合力，共担共享。

总之，农产品物流由第三方管理具有较大的价值和优势，是农产品流通精细化管理及农村产业发展的必然趋势。政府要重视农村农业工作，加大相关投入，尤其是要精准扶持，牵头落实法律法规和优惠政策等各项关键工作，农业企业及第三方物流企业应该积极配合政府，加快更新与创新步伐，主动参与物流协会的标准制定，及时共享管理信息，将农产品第三方物流管理模式的优势充分发挥出来，整体提升农产品流通的运作效率。

# 第四章　物流管理的方法

## 第一节　企业物流管理方法

物流管理能力是企业需具备的重要能力，提升物流管理效率对现代企业发展尤为关键。本节首先分析企业加强物流管理的意义，并从物流管理水平、物流专业人才、物流管理制度、物流管理信息化建设等方面探讨企业物流管理存在的问题，最后提出综合提高企业物流管理效率的方法，旨在为提升企业物流管理效率提供参考。

物流是经过运输、储存、装卸、保管、配送、信息处理等环节，将货物从产地向消费地实体流动的过程。物流管理应用科学的管理方法，对物流活动进行规划、组织、协调、控制和监督，使各项物流程序实现最佳的协调与配合，以降低物流成本，提高经济效益。目前，社会对于企业实力的一个重要的评价标准就是企业的物流管理能力。要想提高竞争实力，企业必须提高物流管理效率，也唯有如此，企业才能在市场竞争中取得一席之地。分析当前企业物流管理的现状与问题，探究提升企业物流管理效率的综合方法，有着重要的现实意义。

### 一、企业加强物流管理的意义

#### （一）企业物流是企业发展的保障

一个企业要想在激烈的市场竞争中立于不败之地，需要有两个基本条件做保障：一是该企业要能够按照预定的生产计划进行生产，生产节奏和进度要统一，各个环节要无缝对接；二是企业要将生产的产品运离企业，参与市场竞争，这就需要依赖企业物流活动，将产品快速运输出去，以实现产品的价值，帮助企业获得尽可能多的经济利润。

#### （二）企业物流是企业生产运行的保障

企业要想在生产经营过程中实现衔接性和连续性，需要依赖企业生产过程中持续不断的物流活动来实现，而企业物流活动与生产过程本来就是有机结合在一起的，两者相辅相成，致力于企业的可持续发展。

### （三）企业物流可以优化配置企业资源

企业要想获得竞争优势，离不开现代社会对物流活动的支持。企业供应链中的有机组成部分就是企业物流，在重组业务流程后，物流可以提高企业的核心竞争力，使企业进一步开发原有的资源，并将企业的各种资源进行重新配置组合，这对提高企业的资源效用大有裨益。

## 二、我国企业物流管理存在的问题

目前，我国企业在实施物流管理时主要存在以下几个问题。

### （一）物流管理水平偏低

我国经济快速发展，但企业的物流发展水平参差不齐。从整体看，我国企业的物流管理水平偏低，物流业务能力并不强。虽然现代物流管理思想不断发展，企业的物流管理服务也在不断探索，但企业物流缺乏现代化和标准化建设，导致当代企业的物流管理服务创新陷入了“瓶颈期”。加上我国不少企业内部管理混乱，现代物流管理的先进思想得不到应用，企业的物流管理水平自然得不到提升。

### （二）缺乏物流专业人才

我国大多数企业物流管理起步较晚，有效物流的人力资源比较匮乏，专业化的、综合性的高素质物流人才更是凤毛麟角。目前西方国家已经具备了大批综合型物流人才，但我国企业还没有这样的优势。由于物流人才的专业素质迟迟得不到提高，企业在开展物流业务的过程中，难以有效防范各种风险。

### （三）物流管理制度存在缺陷

正所谓“没有规矩不成方圆”，如今我国很多企业尚未建立完善的物流管理制度，表现为物流成本管理制度不够完善，物流供应链管理制度不全面，物流管理中的绩效考核机制不科学等。在企业财会中，物流并不是单独的科目，这就导致企业难以精确计算出物流费用，损益表无法充分呈现物流成本，降低企业物流成本也就无从谈起。另外，企业还没有建立起物流绩效考核制度，难以充分评价物流管理的质量，进而导致物流管理效率大打折扣。

### （四）信息化建设不足

如今是信息技术时代，信息技术已经渗透到社会的各个领域，但我国不少企业的采购、仓储和运输等物流环节还缺乏现代科技的支撑，物流运作新模式无法得到及时推广，物流信息化技术落后，严重制约了物流企业的发展。当前，先进物流技术如条形码技术、自动识别技术、自动分拣技术、卫星定位技术等应用程度还较低。另外，企业物流配送也没有建构起网络化布局，导致物流配送效率难以得到提高。

## 三、综合提高企业物流管理效率的方法

### （一）构建物流公共信息平台

企业要想提高物流管理效率，需要构建物流公共信息平台，这样能够在最短时间内收集到来自四面八方的物流信息资源，实现企业物流信息共建共享，进而提高物流信息系统运行效率，节约企业物流成本。同时，构建物流公共信息平台，还能减少物流管理过程中的信息不对称现象，降低合作风险，实现共赢。另外，物流公共信息平台还能促使企业加强对物流业务的监管和控制，实时跟踪客户的物流业务，挖掘客户的各种需求，降低物流运行成本。

在构建物流公共信息平台时，需要先构建市场信息收集和反馈机制，随着市场环境的变化实时调控物流成本。企业还要根据市场实际情况选择合适的信息产品，保证信息市场的完整性，这样可以提高物流信息系统管理质量，有利于公共信息平台的建设。

### （二）加强专业物流管理人才培养力度

缺乏专业的物流管理人才，是阻碍企业物流管理效率提升的重要因素。鉴于此，我国企业要加强培养物流管理专业化人才力度。首先，我国高等院校、职业院校要设置物流管理专业，加强物流管理人才的培育力度，为社会输送高素质的专业人才，满足市场发展的需要。其次，企业内部要加强专业物流管理人才培养力度，支持员工参加物流管理咨询公司创办的物流培训班，借助案例实施培训，提高物流人才的专业知识和专业技能水平。再次，企业还要在内部加强物流示范操作区建设力度，促使员工将理论与实践结合起来，使物流管理人才在实践中得到锻炼，提高水平。最后，企业还要与当地的物流行业协会加强合作，共同制定人才培养方案，在行业协会的指导下，结合自身的实际需求，量身打造物流管理人才。

### （三）完善企业物流管理制度

提高企业的物流管理效率是一项系统工程，需要建立健全各种物流管理制度，使物流管理过程更具规范性。首先，企业要完善物流成本管理制度，要确定物流成本的组成成分，按照物流活动范围，将物流费用分为供应物流费用、生产物流费用、废弃物物流费用、回收物物流费用和销售物流费用这几个部分，在企业财会项目中物流成本要单独划分，这样能有效控制物流成本。在运行整个物流系统前，企业要预测、分析、计算物流成本，从整体角度控制物流成本，实现物流成本最小化。其次，企业要根据自身实际情况完善物流绩

效考核制度。企业的物流管理效率和成本运行效益的高低直接决定了企业物流竞争力高低，完善物流绩效考核制度，可激发物流管理人员的工作积极性，将物流业务与个人薪酬挂钩，可以提升企业的管理水平。再次，企业还要针对物流管理过程建立会计制度，如统一会计计提方案，可以降低企业的物流赔偿压力。如果企业能够完善物流所有权和赔偿机制，便更能弥补企业物流服务创新方面存在的不足。

### （四）加强企业物流管理信息化建设

我国企业物流基础设施的统一规划起步较晚，装备参差不齐，基础设施配套性能差，智能化的仓储设施与系统得不到充分利用，信息化建设滞后。这种情况直接导致了企业物流成本居高不下，物流管理效率难以提升，因此我国企业加强物流管理信息化建设势在必行。

企业要利用现代化物流中的高科技优化现有的物流管理模式，打破物流运行的时空限制，借助物流管理信息化技术实现物流管理各个环节的资源优化配置，如全球定位系统（GPS）、地理信息系统（GIS）、电子数据交换（EDI）、条码技术等已经被大面积应用。企业要积极引入这些物流技术，提高物流管理效率。

企业要尝试参与供应链运作，并尝试实施社会化网络营销。所谓社会化网络营销，是指通过微博、微信、QQ 等现代化网络媒体进行营销活动。目前企业不可能仅凭一己之力参与市场竞争，所以要参与供应链运作，与上下游企业一起进行物流配送，并利用现代社交工具加强物流活动的营销，获得更多客户的认可。

企业还要实现内部管理各个环节的无缝衔接，加强内部控制，为物流配送活动提供资金支持，提高物流配送能力。

电子商务和知识经济时代，物流被认为是“第三利润源泉”。新时期背景下，提高企业物流管理效率有着重要的意义，其直接关系到企业的长远生存与发展。企业要从构建物流公共信息平台、加强专业物流管理人才培养力度、完善企业物流管理制度、加强企业物流管理信息化建设等多个角度入手，开展物流管理建设，提高物流管理效益，为创造更多的经营佳绩不断努力。

## 第二节　精益物流管理理论研究和方法探讨

随着我国经济的发展，精益生产的思想逐渐渗透到各行各业，在物流行业，也形成了“精益物流”这一新概念，它的出现不仅为我国的物流企业带出一条新的发展思路，同时使物流企业降低了成本，提高了市场竞争力。本节重点对我国精益物流发展现状进行分析，探讨精益物流管理的理论知识以及方法策略。

精益物流作为一种全新的现代化管理思想，主要强调客户至上、及时准确、整体优化、改善与创新的思想理念，这些都比较符合现代物流的发展趋势，而且精益物流的管理思想有助于改善我国物流粗放管理的现状，对物流行业以及社会经济的发展都有深远的影响。

## 一、我国精益物流的发展现状

精益物流这一思想观念最早由美国马萨诸塞理工学院研究总结出来，随后，马萨诸塞理工学院的教授詹姆斯 P. 沃麦克等人还出版了《精益思想》一书，着重表达了精益生产的理论知识，为精益物流的发展奠定了良好的基础。

我国对于“物流”这一概念的引入则比较晚，对物流的研究主要集中在单个的功能模块上，并且注重的是物流的流通环节。我国在 20 世纪 90 年代开始研究精益物流理论，在 1999 年时，复旦大学管理学院的教授田宇和朱道立对精益物流进行过分析介绍，提出了相应的概念。随后几年，其他相关单位及人员，如北京物资学院研究中心的邬跃、杨波、韩岗等人都在相关著作中对精益物流进行过分析研究。

## 二、精益物流管理的理论研究

从物流行业的管理角度，从以下三个方面分析精益物流管理。

### （一）精益物流管理的原则

精益物流管理主要是就运用精益的思想理论对企业的物流活动进行相应的管理，而精益物流管理的基本原则主要有以下几点：

1. 精益物流管理必须站在顾客的角度，而不是站在企业或某些职能部门的角度去思考研究什么样的物流活动才能产生价值；

2. 精益物流管理必须以整体物流活动产生的价值流程来确定供应、生产以及配送产品等步骤与活动；

3. 精益物流管理应该要创建出没有中断、没有绕路、没有等待以及没有回流的产品增值物流活动，保证物流活动的增值效应；

4. 精益物流管理应及时准确地创造出由顾客拉动产生的价值，突显出顾客的实际作用，同时还要避免出现浪费现象，追求物流过程的完美。

### （二）精益物流管理的前提条件

实行精益物流管理的前提条件主要有以下几点：

1. 精益物流管理首先得重视人才培养，其中包括相关人员的技能培训，还有培养现场作业人员及时处理问题的能力，要求作业人员做到及时转移不良品，从而保证产品的质量。精益物流管理还要完成从局部到整体系统的优化，同时企业的员工必须有团队协作精神，要有能共同解决问题的能力，在工作的同时对物流管理系统不断地革新与完善。

2. 精益物流管理要做到与供应商有良好的长期合作关系，这要求供应商在企业需要的时候能提供相应数量的货物，实际上，就是要求供应商能够应对订货的突发情况，如交货的时间地点变更，货物数量增加或减少等。因此，企业在选择供应商时必须择优，一旦选择好，应尽量保持长期的合作关系，进行信息资源共享，针对合作中出现的问题要协商共同处理。

3. 精益物流管理要求物流运输高效率、低成本。供应商一般采取小批量、多次输送的运送方式，这样一来物流成本就会增加，为了降低物流运输成本，精益物流管理要以集装的方式进行运输，主要是指将多个供应商的小批量货物集中起来作为一个整体进行运输，这样不仅能及时交货，还能节约运输成本。

4. 精益物流管理要得到企业决策层的支持。通常情况下，一般的物流企业认为产品库存是保持企业正常运转的保障，但精益物流管理则认为产品库存不仅不能为企业带来发展，还会给企业增加负债，浪费企业资源。这样的经营理念必须得到企业决策层的支持，以最少的投资与时间换来企业整体经营体系的改革与重建，将精益物流的管理优势全部发挥出来，使企业的发展迈上一个新台阶。

### （三）精益物流管理的目标

精益物流的管理目标指当企业提供给顾客相对满意的服务时，应严禁资源浪费，降低成本，使效益最大化。通常情况下，企业在物流活动中浪费资源的现象很普遍，比较常见的是：令顾客不满意的服务水平与态度，没有市场需求的多余库存积压，不必要的流通加工程序以及不必要的物料移动，还有在供应链上下环节因没有及时交货而出现的无谓等候，或者提供顾客不需要的服务等，避免这些浪费现象就是精益物流管理最重要的工作内容以及工作目标。

## 三、精益物流管理的理论要素

### （一）客户导向化要素

随着人们的需求由大众化向多样化、由数量向质量转化，市场竞争越来越激烈。客户的需求是每个企业存在价值的体现，也是其经营运作的主要动力。因此，该理论更应把顾客的需求放在首位。

### （二）准时化要素

准时化要素是精益物流的基本要求。准时并不等于快速，因为速度过快往往伴随着成本的增加，容易出现失误。在该理论中，准时化要在满足顾客需求速度的基础上，保持物流成本的平衡以及在整个运作过程中各个环节的连贯性和及时性。

### （三）合作化要素

物流的产生依赖于生产制造与销售活动，因此，物流企业与销售厂商、生产厂商以及客户服务部门等多方面的良好合作也是精益物流的一个重要体现。

## 四、精益物流的方法

### （一）准时物流系统

准时制的定义为：将必要的原材料、零部件以必要的数量在必要的时间送到特定的生产线生产必要的产品。准时制是对生产领域的物流的新要求。其目的是使生产过程中的原材料、零部件以及制成品能高效率地在各个生产环节流动，缩短物质实体在生产过程中停留的时间，杜绝产品库存积压、短缺和浪费现象。准时制虽然是企业内部的一种管理模式，但它作为一种管理思想，在提高整个供应链对客户的响应时间、实现零库存生产、降低供应链的物流成本等方面，仍然具有重要的作用。

### （二）实现准时制（零库存）的形式

准时制要在无库存或最低库存的基础上实现生产或供应保障，可以采取的形式主要有以下几种：

（1）委托保管方式。

（2）协作分包方式。

（3）轮动方式。

（4）准时供应方式。

（5）看板方式。

（6）“水龙头”方式。

### （三）实施准时制的条件

（1）要有可靠的资源保障。

（2）选择供应商。

（3）有一个比较完善的社会物流平台。

（4）具备相应的接货和接入生产线的能力。

（5）有一个可靠的质量保证体系。

## 五、精益物流管理的方法探讨

如上文所述，精益物流的管理目标与工作内容是避免与制止浪费现象的发生，但是对这些浪费现象的有效识别是一个工作难题，同时也是精益物流的管理方法策略。

### （一）研究物流活动的流程

研究物流活动的流程是一种传统的物流管理方法，主要的工作内容是研究物流活动的过程，设计出更有效的运输路线，以确保物流精益化。在研究物流活动流程的过程中必须把握三个关键，即考察物流活动的总体过程；详细记录每次物流活动所需的人员、所花时间、产品移动的距离以及活动中所用到的设备与地理位置等内容；及时分析总结，通过简化合并的方式消除物流活动中的浪费。

### （二）控制供应链上的出货交货时间

通常情况下，供应链中的零售商与供应商的订货与出货交货时间都是不固定的，以某分销中心为例，当零售商订货后，供应商从出货到交货要大约半个月，其中包括产品的库存时间以及运输时间。通过对这段时间物流情况的研究很容易发现其中的浪费现象，比如过多的库存时间以及较久的运输时间等。

### （三）分析产品的价值变化

一件产品从生产到包装出库，其中的价值一直在不断发生变化。实际上，产品的生产加工就是价值增加的过程，在整个产品价值增加过程中，每个阶段的价值增加时间有长有短，而对这些价值变化情况进行分析，可以发现其中的各种问题，如产品质量问题，物流服务问题以及产品生产报废问题等，然后解决这些问题，从而实现精益物流有效管理。

### （四）研究供货需求情况

在产品的供应链中，零售商订购的货物数量与供应商提交的货物数量以及客户销售的货物数量之间存在很大的差异，通过研究供货需求的情况，可以分析出产品价值的变化以及产品的需求变化，从而了解物流管理活动的变化，进而达到降低产品需求，实现精益物流的目的。

### （五）分析决策点的动向变化

在企业的物流管理过程中，决策点起到了非常重要的作用，而在实际操作中，决策点可以根据实际需求来制定，也可以通过某种预测制定，决策点可以在某个地区分销中心执行，也可以在全国性的某个大型分销中心执行，同时也可以在某个工厂内部或整条供应链上执行。通过对这些决策点的制定与执行情况的分析，可以对供应链的所有环节进行整体评价监督，也可以使产品的价值在供应链上流通变化，从而设计出更合理的产品价值流程，以实现精益物流的管理目标。

精益物流要求企业在提供令顾客满意的服务水平的同时还要将物流活动中的浪费降到

最低，提高企业的实际效益，这也是精益物流的管理内容以及工作目标。

## 六、物流企业实现精益化管理的建议

### （一）更新观念

鼓励物流企业通过兼并重组等方式壮大规模和实力，逐步培育一批技术水平先进、主营业务突出、核心竞争力强的大型现代物流企业。鼓励优势物流企业加强企业文化建设，创新特色服务，加快品牌培育，逐步形成一批区域服务网络广、供应链管理能力强、物流服务水平优、品牌影响力大的现代物流知名企业。

### （二）实现企业信息化

以物流企业信息系统为基础、公共信息平台为核心、企业平台及公共平台联网为手段，实现政府、物流服务企业、工商企业之间实时、可靠的信息交互，推动运输市场协调、有序、健康地发展，并把分散在不同区域、实力较弱的单一运输与物流企业紧密联系在一起，通过提高物流服务能力，推动物流服务企业从粗放经营向集约经营转变，增强企业核心竞争力。

### （三）树立“竞争人才”的观念

物流企业从战略和全局的高度加快人才资源开发与管理，建好人才队伍，构筑人才高地。要坚持培养和引进并举，造就高层次经营人才和提高全员素质并重，建立和完善人才培养和引进机制，尽快形成高素质人才资源的集聚优势。通过多种形式合作办学，形成部门、学校、企业、行业协会协调协作的人才培养机制。

### （四）评估精益物流的效果

物流精益化是一个循序渐进的过程。因此，阶段性的评估是物流企业实施精益化物流的重要内容。对每一次精益化的改善进行正确的评估对以后的工作具有重要的指导意义。可先与预先设置的目标或企业内部的指标进行对比，衡量精益化改善前后的变化和差异，对好的措施继续实行，不好的措施及时纠正，形成阶段性的评估报告，为以后工作标准和规范的制定提供依据。

精益物流的实行能够极大地提高工作效率和工作质量，是物流企业适应时代发展、实现效益最大化的必然选择，也是物流产业转型和发展的必要途径。物流精益化的实现不是一朝一夕就能完成的，而是一个不断探索、持续完善的过程。因此，物流企业要想全面实现精益物流管理，就必须进行大范围的改革，上到企业战略目标、组织结构，下到基层的作业活动、人员素质，都要进行相应的调整和改进。只有这样，企业才能在竞争日益激烈的市场上站稳脚跟，增强综合竞争能力，实现可持续发展。

# 第三节 新媒体环境下物流管理的工作方法

物流产业是我国的传统产业，在当前网络化普及的社会环境中，其已日渐成为振兴国民经济的重要产业。为此，应用新媒体技术对物流产业的管理方法加以改进，是当前的社会经济形势下的必然选择。

## 一、在物流管理中引入新媒体技术的必要性

物流产业日常管理工作量较大、内容较为复杂。在物流管理工作中，物流信息非常重要，物流信息不仅包括与车辆有关的车况、线路、位置信息，还包括与货物相关的订单、采购等信息，唯有保证这些与物流相关的信息准确无误地及时更新，才能为物流管理的其他环节节省开支，进而节约企业成本。但是在目前实际的物流管理过程中，受当前信息处理技术等多方面因素影响，物品在运输过程中的信息不能被及时更新，物流信息时效性差，不仅客户不能及时跟踪自己的物品的位置，连其他环节的物流企业也无法共享产品的位置，更无法将信息及时、有效地传递给下一环节，导致物流信息中断，影响了物流企业的形象和经济效益。

物流产业作为服务产业，其服务水平尤为重要。在目前的物流企业管理过程中，部分企业盲目追求经济效益而忽视了员工服务水平的提升，导致员工在长期重复的工作内容中丧失了工作的激情，不仅服务方式单一化，而且常常因为工作人员“一对多”的工作量，难以保证客户对物流服务的满意，出现了很多的客户投诉信息，这显然不利于物流产业的持续发展。

新媒体技术是一个相对宽泛和抽象的概念，其优势在于集信息的交互性和时效性为一体，并且具备使用成本低、传播速度快、检索信息方便快捷的特点，这样的技术优势与现代物流企业的管理需要不谋而合，而且运用新媒体技术能够方便地与客户进行及时沟通，有利于客户及时跟踪所购商品的物流信息，从而进一步提高物流企业的服务质量。

基于以上几点原因，在当前的物流管理中引入新媒体技术已是企业的必然选择。

## 二、新媒体环境下改进物流管理的方法

### （一）利用新媒体数据资源，完善物流信息管理

物流信息是物流产业的重要元素，企业应在物流管理过程中善于利用新媒体大数据资源，提高物流信息的管理水平。

首先，企业可以利用新媒体环境下的可视化分析技术，例如 GPS 和 GIS，帮助物流

工作人员及时跟踪和掌握货物在流通中的位置信息，掌握货物流通的全过程，在此基础上对货物流通中的信息进行统计和分析，可以更好地掌握货物在流通中的动态信息。

其次，为了保证物流信息的准确性，企业可以利用新媒体环境下的数据采集技术，及时采集物流信息，优化数据资源，促进物流资源有效整合。

最后，企业利用大数据资源，能够及时掌握物流信息，对物流运输全过程实时监控，确保物流信息的时效性，有效减少了由于物流信息错误而产生的运输成本，使物流服务水平不断提高。

### （二）依托平台，提高服务水平

物流行业作为服务行业，尤其注重服务水平。近年来电子商务平台交易市场火爆，加上社交、短视频等软件的兴起，促成了物流、资金流、信息流之间的交汇融合。物流产业要善于利用这些平台的稳定群体的优势，制定更加个性化的“私人定制”物流信息查询服务，利用新媒体的大数据、云计算资源，分析和记录流通中的货品动向信息，确保每一位客户都能得到个性化的物流信息查询服务体验。

### （三）以人为本，挖掘员工潜力

物流产业是由无数基层员工组成的整体，因此物流企业在管理过程中，要落实以人为本的理念。在新媒体环境下，企业要在尊重员工个人主观能动性的基础上，挖掘员工的潜力。

#### 1. 组织培训

物流企业要想获得长足发展，可以利用新媒体技术，定期对员工进行业务能力培训；吸取国内外优秀物流企业的管理经验，根据社会发展的需要及时完善服务方式，提高服务水平。

#### 2. 随时学习

没有时间和空间安排员工进行定期培训学习的物流企业，可以安排员工在不影响日常工作的情况下，在上班期间利用新媒体技术的数据资源随时学习。

#### 3. 优化服务

企业利用新媒体的实时监测、跟踪功能，可以对员工的服务水平和方式进行监测，这样也有利于员工通过新媒体资源掌握客户信息，彼此交流。可以说，运用新媒体技术既能不断提高员工的业务水平，又能对其服务水平和工作能力进行深入挖掘和鞭策。

## 第四节　物流金融业务风险管理问题及应对方法

现阶段，物流金融业务是一种新型的、特点众多的物流服务项目，物流金融业务的发展有效推动了市场经济发展，但是与此同时，物流金融业务的发展也面临着诸多风险。可以说，物流金融业务是机遇和挑战并存的，要想实现物流金融业务的发展，就要强化风险管理。本节主要介绍物流金融的概念，分析物流金融现阶段的运作模式，指出物流金融业务中主要的风险，并针对相应风险问题的解决提出几点建议，希望给物流金融业务做好风险管理提供一些参考和借鉴。

随着互联网金融和电商平台的进一步发展，物流行业蓬勃发展，与之相对应的物流金融也应运而生，随着物流金融行业不断发展进步，物流金融业务不断拓展，业务范围增大，业务项目增多，相关的风险因素也在增加，对此，需要针对物流金融业务强化相关风险分析和管理，切实提升风险管控意识，完善相关的风险管控措施，促进物流金融行业的可持续发展。

## 一、物流金融概念

物流金融，实际上是指针对物流行业运营全过程的，通过各种金融产品，帮助实现物流、商流、资金流、信息流的优化整合，实现资金调节和组织的一种有效经营活动。通常理解的物流金融指的是银行以及第三方物流服务提供供应链运作的全过程的结算以及融资服务，物流金融还包含了物流企业助力相关企业融资而开展的相关服务工作。简单来说，就是指有物流企业参与的存货和应收账款融资等业务。

## 二、物流金融的运作模式

### （一）质押融资模式

在生产经营企业自身不动产不足或有价证券不足的情况下，需要使用动产抵押，以获得银行提供的融资贷款，这是物流金融业务中一种常见的运作模式，一般质押的多为动产。这种融资模式中，银行和第三方物流企业以及生产经营企业之间需要签订相应的书面合同，对生产经营企业的动产进行转移，让债权人能够优先受偿。而在这一过程中，物流企业的参与主要是为银行和生产经营企业之间提供相应动产的存放，获得保管费用，并获得相应价值评估以及监管的相应收入。

### （二）信用担保模式

这种物流金融运作模式是建立在统一授信基础上的，银行向相关的物流企业直接授予一定的贷款额度，物流企业则根据企业信用担保管理相关要求向银行提供相关的信用担保，通过使用银行的信贷额度，为相关企业提供质押贷款业务以及结算服务。在这种情况下，银行就避免了直接参与相关质押贷款过程，相应的业务流程得以优化，而对于企业而言，企业的融资过程也得到了简化，获得融资的速度提升很多。在这一物流金融运作模式下，银行还可以全程监管相关的质押贷款活动，可以为相关企业提供更为灵活且具有针对性的质押贷款服务，对于降低贷款风险也具有一定的作用。物流企业在这一过程中依旧可以获得相应的储存费用，对于优化企业整体的成本和运作效率具有积极作用。

### （三）垫资模式

这种物流金融运作模式层次相对较高，因此，对于相应的物流金融提供商的要求也比较严格。这种运作模式指的是第三方物流企业在物流业务开展中，为发货方承运相关货物的时候，为提货方预付相关的款项，在提货方取货时再收回全部的物流款项的模式。这种运作模式有效提升了客户的资金流转速度，能够在一定程度上改善客户的资金现状，节约存货持有成本。不过，在具体的运行中，物流金融运作模式并不是单一的运作模式，还可以是多种运作模式混合使用，在取货的过程中，可以让物流企业先支出一部分钱给供应商，一部分钱给仓储质押，在货到收款后一次性付清，这种运作模式更加安全可靠，能让买卖双方都比较放心。

## 三、物流金融业务中存在的主要风险

### （一）物流金融自身风险

考虑到现阶段我国的市场经济体制以及法律法规现状，国有商业银行不可以进行物流公司收购，非金融机构也不允许提供金融业务服务，物流金融在我国的发展空间还是比较大的。因为相关法律和市场准入的约束，目前物流金融的发展受到了一定限制，不过一些大型物流企业仍然能够通过物流银行等形式和相关商业银行之间开展物流金融业务，因为这些业务本身就涉及众多市场主体，所以物流业务以及金融业务自身的风险是不可避免的。针对这些风险，目前行业还没有制定完善的相关协议条款，物流金融风险问题突出，特别是在物流金融自身和市场因素影响下，物流金融风险还有进一步扩大的趋势。

### （二）政策风险

现阶段，物流金融业务的可靠资金多来源于商业银行，但是这种相对单一的融资行为在很大程度上受到相关政策和法律的制约，造成相关的金融业务操作自身不确定性增强。比如，现阶段国家采取收缩银根政策，在这样的政策下，银行给予企业的融资额度会适当降低，且可能会提前催缴贷款，这种情况可能会使物流企业违约，增加企业的经营风险。

### （三）管理风险

在物流企业的发展中，相关的企业组织结构、管理体制以及人员组成等对于企业的发展都会产生一定的影响。如果企业内部人员素质低下，管理层能力有限，很可能出现在决策中失误，在相关的物流运输和存储工作中造成质押物的损坏以及丢失等情况，或出现监守自盗、监管失效等问题，在为客户提供定价评估时也可能存在倾斜，造成企业的质押物价值和实际不符，面对落空的风险。

就目前金融机构的发展而言，物流金融业务从出现到发展至今，经历的时间比较短，相关金融机构对于这项业务的知识和经验不足，针对相应的贷款工具设计、资金筹集、风险管理以及内部监控等还没有建立起比较完善的管理体系，这些都造成了相关管理风险的进一步增大。

### （四）信用风险

这里的信用主要指的是借款单位的资信状况。银行在为相关的物流金融业务提供融资服务时，需要对相关企业的自身经营状况、偿债能力、社会信誉、盈利能力等进行综合考量，再决定给予的贷款额度。在这一过程中，一些企业为了获得更多的贷款，可能会强化盈余管理，造成会计信息质量下降，银行对于企业的真实发展状况无法准确把握，一些虚假的财务会计信息可能会导致银行贷款风险增大，贷款到期后企业无法及时偿还。在市场经济和金融危机的影响下，客户的信用等级降低，支付能力也在下降，这些情况对于物流企业而言，也会造成企业违约增多。

### （五）市场风险

在进行物流金融业务运行时，因为质押物自身的价值是变动的，所以这种变动也会带来一定的变现风险。如果发生全球金融危机，就会造成经济下行，原材料等大宗商品需求下降，价格下跌，企业融资成本上升，质押物的稳定性受到较大的影响，质押物价值下跌的情况就会很常见，这样也会增大信贷风险，在债务人无法按期还款的情况下，需要对相关质押物进行拍卖，但是实际的拍卖能否抵消贷款金额也是不确定的。如果抵押物的市场价值下跌，银行和物流企业可能都会出现亏损。

## 四、物流金融业务风险管理的有效措施

### （一）提升风险意识，完善风险管理

针对物流金融业务自身的风险因素，相关的银行以及物流企业要认识到风险因素的存在是必然的，要进一步强化风险意识，注重风险管理，针对自身存在的风险制定相应的风险管控方案，切实加强物流金融风险管理，提升自身的风险防控能力。

### （二）完善政策法规，做到有法可依

针对物流金融风险，政府可以完善相关的抵押条款、违约条款以及欺诈条款等法律法规，结合具体的物流金融风险案例进行相关法律法规的进一步细化，填补法律的空白，完善相关规定，进一步提升供应链金融风险的法律可对照性，实现有法可依，更好地规范相

关的交易行为。

## （三）完善风险保障机制，做好风险评估

针对物流金融业务的风险管理工作，相关物流企业及银行要建立风险保障机制，要对物流、信息流和资金流进行封闭运行。相关物流企业可以尝试通过供应链模式构建风险保障机制，促进风险保障能力提升，供应链金融要选择一个强大有实力的物流公司并与之合作，物流公司可为供应链提供信息、仓储、物流等服务，帮助银行监控企业物流和动产，达到银行控制货权的目的。企业的应收款账户开在指定银行，付款企业配合银行将采购款汇入指定账户，银行在给整个供应链中的融资服务的过程中也会掌握整个供应链上的企业的经营信息，减少企业与银行之间信息不对称的情况。

此外，还要加强物流金融的风险管理。银行要时刻关注供应链运作情况，掌握企业的内部薄弱点，观测外部环境的发展趋势。同时，要建立一整套预警评价指标体系，当其中一项及以上指标偏离正常水平并超过临界值时必须发出预警信号，减少意外并维持连贯的资金周转，增加资金运作弹性，确保目标供应链良好有效循环。银行要根据自身管理需要，建立信用模型和数据库，对供应链各方之间的相互关系设置信用值，进行评级、授信、物流资质考评和关联客户相互监管等管理方法，变过去的静态评估为动态评估。

## （四）强化信用监管，提升风险防控水平

信用是市场经济的重要基础，规范有序的市场经济活动需要建立一个能够有效调动社会资源并规范市场交易的信用制度。良好的信用关系是企业正常经营与国民经济健康运行的基本保证，改善企业信用状况，对于提升企业的整体素质和综合竞争力，帮助企业抵御信用风险，改善企业融资条件，促进物流金融业务健康发展具有重要意义。企业的信用风险，主要存在于采购、生产、销售数据等方面，对银行提供虚假或不实信息的行为，使银行无法获得真实数据，难以有效采取相应的管理措施，无法降低资金的使用风险。加强企业信用管理，对于实现宏观调控目标、扶持企业发展具有重要的现实作用。对此，相关银行及物流企业要针对重要的客户构建信用体系，强化对于融资企业的经营状况、盈利能力、偿债能力、发展潜力等方面的综合评估，提升相关企业的会计信息监管效益，保证会计信息真实有效。通过有效的信用监管，避免企业失信行为发生，降低授信风险。

## （五）强化市场风险控制，做好保价措施

针对市场波动带来的风险因素，相关银行和物流企业要坚持稳中求进的工作总基调，全面强化市场风险防控，健全风险管理机制，做好风险监测排查应对，全力维护市场稳健运行。在质押物的准入上，要严格要求，选择保价效果比较好的质押物，对于价格变动大的质押物要慎重考虑；要根据市场的行情确保相应的质押物具有较好的发展和应用前景，这样才能尽可能地为质押物保价，避免债权人损失增大。

物流金融业务是当前市场经济的主要业务之一，物流金融业务的发展前景比较好，相关的物流企业要强化风险管理意识，把握机遇，迎接挑战，和银行等金融机构共同构建起比较完善的风险管控体系，切实将相关的金融业务的风险控制在合理范围内。

# 第五章　物流配送运输管理

## 第一节　配送线路优化研究

随着时代的发展，小批量、多批次的配送方式使得企业配送成本越来越高。为了降低企业的成本，很多物流企业都开始优化配送路线，从而实现合理线路运输、提高车辆利用率、去库存，达到降低企业成本的目的，最终提高企业的效益。现在，消费者对商品的要求已经不仅仅局限于物品本身，对附加体验的要求也随着时代的变化越来越高。因此，在配送过程中使用节约里程算法优化路径能够达到减少成本、提高企业效益的目的。

### 一、配送理论概述

#### （一）配送的概念

物流配送的过程首先是根据客户下单的具体要求以及时间的缓急，对货物进行挑选、加工、分割、包装、组配等工作，并且在约定的时间内把货物送达约定的地点。配送一般是视客户的地点不同，在物流集散点进行分类、加工、配送等，是物流配送过程中的一个步骤。配送过程也像物流活动一样既包括商流，也包括物流活动中的几种不同的功能。

纵观我国的配送发展历程，截取片面即基于互联网催生的电子商务的物流配送，有三个巨大的变革：第一次物流配送只是进行了非常简单的送货上门，即“解决最后一公里问题”，原因是设备以及技术的缺憾。不过这样的配送效率非常低，于是许多厂家使价格略微下降然后直接把货物送到买主手中，以这样的改变改善了经营效益，提高了客户满意度。第二次的改变可以说是一次从由内而外的脱胎换骨的变革，随着电子商务时代在我国横空出世，物流配送也开始了从量变到质变的改变，这种形式的改变对物流配送本身的影响巨大，对供应链中的每一环节的影响都很大，包括上层的供应商和终端的消费者。第三次物流配送改变主要是技术层面的，即信息时代迫使配送服务全面信息化，也就是物流配送的网络技术的广泛应用所带来的改变，这些改变使得物流配送的速度大大提高，配送范围扩大。

### （二）配送理论中的几种算法对比

禁忌搜索算法的优点是能够突破局部最优，但是又不会失去全局的最优性；缺点是对初始解的依赖性过强。

模拟退火算法的优点是易实现全局最优的串行结构，缺点是对于大规模的问题用时较长。

遗传算法的优点是利于全局择优，并且易于实现并行优化；缺点是参数选择比较困难，只能针对具体问题进行具体分析。

节约里程算法的优点是简便易行，缩短运输路程，体现了物流配送网络优势；缺点是对客户需求变化的反应速度较慢。但是此算法相对上述几种算法来说比较简易，容易掌握。

## 二、配送线路优化

### （一）节约里程法简介

节约算法的核心思想是依次将配送问题中的两个回路合并成为一个回路，使每次合并后的总运距减小的幅度最大，直到车辆达到满载或者达到行驶上限时，再进行下一辆车的优化。优化过程分别为并行方式和串行方式两种。

该算法是用来解决运输车辆数目不确定的问题，属于一个与类同名且没有返回值类型的方法，即构造算法，此算法的基本概念是几何学中三角形两边之和必定大于另外一边之长。近年来，小批量、多批次的配送方式发展迅速，使得节约算法已成为选择配送路线的主要方法。当配送路线确定时，连接所需要的一个个点中依次能够实现节约最大里程的两个点，先后安排往返送货即可得到最大的节约里程。如果配送车辆未超重，且车辆行驶里程未超过上限，则可以再次添加新的顾客配送点进入该路线，从而制定出符合实际的最优化配送路线。

### （二）节约里程算法步骤介绍

作为主要的配送路线选择算法之一，节约里程算法步骤如下：

明确顾客数及需求量、各个顾客配送点的最短距离。确定配送中心及配送点的具体位置并编号，测量得到每两个配送点之间的最短距离。

计算节约度，将计算结果降序排列。节约度为将两点联合配送能够节约下的里程量，节约度越大，表示两配送点联合配送节约的里程最多。

计算出的节约度，最大的表示该两个配送点合并配送能够节约的里程最大，因此可从大到小依次排列。

合并回路。从节约度最大的两点开始进行回路的合并。首先，验证这两个配送点配送的货物是否超出单辆车承载量，如果未超出，则进行下一步；其次，验证合并后是否会超出车辆的最大行驶里程，如果回路总里程未超出公司拟定的，则该两点可以进行合并，第一次合并完成。

第二次合并，选择下一个节约度较大的进行合并计算（后面的以此类推）。若该两点中有一点涉及第一次合并项，则检验承载量及行驶里程时，要考虑三点的总和。若未超出，则可合并该三点；若超出，则第一次合并项为一条路线。

当有一条完整配送路线被规划出来之后，接下来的合并过程，就直接避开已经规划好的配送点，选择未规划的配送点，依然从最大的开始进行合并，持续进行合并操作，直到所有配送点合并完为止。

对绝大部分企业来说，降低配送成本可以大幅度降低企业成本，而选择优化配送路线是达到此目的最经济有效的方法。观察最后的计算结果，不仅节约了配送时间，同时也降低了配送成本。如前所述，许多企业忽视物流配送路线的选择，使得配送成本居高不下，本节提出的观点也许可以让企业做出一些思考。

## 第二节 生鲜冷链物流配送管理

生鲜农产品具有难储存、易腐烂等特点，是一种典型的短生命周期产品。因此，生鲜农产品企业在面对复杂多变的经营环境时，遇到的各种不确定性因素也会有所增加。而这些不确定性事件常常发生在生鲜农产品冷链物流配送过程中，如交通堵塞、设备故障、顾客的需求量发生变化以及顾客的时间窗变动等。这些现象发生的显著特点就是不确定性，这些不确定性因素往往导致整个冷链物流计划发生改变，因此及时有效地处理发生的干扰事件，减少损失，成为生鲜农产品冷链物流配送系统建设中必须研究的重点问题。在实际的应用领域，很多企业都是依靠积累的经验来应对物流配送过程中的干扰问题，因此无法保障相关问题可以及时有效地解决，更对此类问题缺乏系统性的管理和研究。

为了保障生鲜农产品冷链物流的高效运转，提高服务质量，需要加快该系统干扰管理的研究。干扰管理是指在计划开始阶段，用优化模型和求解算法得出一个好的运行计划；计划实施中，由于内外部不确定因素导致干扰事件的发生，使原计划变得不可行，需要实时地产生新计划，新计划要考虑到原来的优化目标，同时又要使干扰因素的负面影响最小。由此可见，为了避免出现“双边际效应”，在面对干扰事件时，需要短时间内做出反应，这无疑给生鲜农产品冷链管理带来巨大的难度。因此，对确定性事件造成的干扰进行管理，已经成为产业界和学术界急需解决的问题。企业要在总结国内外供应链干扰管理研究的基础上，将干扰管理思想应用到生鲜农产品冷链物流配送环境中，研究该系统面对诸多干扰问题时的防范、应对及管理能力，降低干扰事件发生后对整个冷链的影响，进而提出企业以生鲜农产品冷链发展核心竞争力的主要思路。

## 一、生鲜农产品冷链物流配送过程中存在的干扰问题

### （一）生鲜农产品质量安全

生鲜农产品冷链物流配送除了具有传统物流的特点外，还有其产品具有易腐和易变质的特点，配送环节温度的控制及配送速度将直接影响产品的质量安全。

不同类别的生鲜农产品有不同的生产地，很多产品从各地集中到一起后才进入冷链物流系统，存在着货物预冷不足、包装不合理、制冷标准不统一等问题，致使许多生鲜农产品在物流配送过程中遭受二次污染，降低了产品的品质及新鲜度。在配送过程中遇到因运力受损、货物损坏及运输设备等造成的干扰问题，将会进一步影响相关产品的质量安全。在生鲜电商迅速发展、顾客需求不断增加的同时，这一问题也日益突出。在生鲜农产品配送过程中，产品往往在一个密封的环境中，温度及湿度的变化往往会增加产品质量安全风险。加之我国部分冷链物流企业冷链设施及相关设备不足，很多环节得不到冷链的保障，由此产生“断链”现象，这些干扰事件都会影响生鲜农产品的质量安全。

### （二）车辆路径问题

车辆路径问题一直以来都是物流配送研究的难点，带时间窗的车辆路径问题更成为国内外学者研究的重点。近年来，冷链物流配送的车辆路径问题和带时间窗的车辆路径问题的研究因其特殊性逐渐受到关注。生鲜农产品冷链物流配送过程中如果遇到交通堵塞、车辆制冷系统故障、消费者需求变化等随机性干扰事件时，往往会造成配送时间延长，配送成本增加，甚至影响整个物流系统。因生鲜农产品的产品特性，配送的过程中不仅要考虑货物的损失成本，还要考虑很多客户对产品配送有着严格的时间要求，如果超过时间会增加惩罚成本。

### （三）顾客时间窗变化

在生鲜农产品冷链配送过程中经常发生顾客提出交货时间变化的干扰事件。这类问题主要包括：顾客提出提前交货、延后交货、改变需求量等。

这类干扰问题的出现，不仅对客户的配送计划产生影响，而且会产生一系列的连锁反应，导致原有计划改变。面对实际情况，顾客往往希望可以及时得到答复，如果答复时间长不仅会影响顾客的满意度，而且可能会使调整方案无效。如何根据顾客的时间窗生成实时的调整方案是相关研究面临的难题。

### （四）不确定性需求

消费者消费需求的多样性造成生鲜农产品冷链物流配送趋于高频率、小批量、多批次的配送方式，这往往也会增加干扰问题的出现。生鲜农产品冷链物流配送系统需求量变化

主要分为两类：一是顾客需求量的增加；二是顾客需求量的减少。在冷链物流配送途中，往往会出现增加新的配送点、原有客户更改配送量、客户取消订单等干扰事件。该类问题不仅仅涉及顾客单方面问题，还需要考虑车辆驾驶员及物流配送运营商产生的影响。

### （五）管理信息系统

为了更好地保障生鲜农产品在冷链物流配送环节的质量安全，需要对实时信息进行监控和采集。利用无线射频识别等技术建立生鲜农产品管理信息系统，有利于实时掌控生鲜农产品在配送过程中的温度、湿度及车辆定位信息等，从而保障配送过程的安全性及连贯性。但现实情况下，因该系统资金投入较大，很多小型的公司没有建立或建立的相应系统不完善，造成了信息化程度低的情况。在发生相关干扰事件时，相关信息传递延时或中断，不利于及时对配送方案进行调整。

### （六）碳排放

传统的生鲜农产品冷链物流主要采用“批发商—零售商—消费者”的模式，由于流通节点的增加势必会增加转运及等待卸载货物的次数，这些在造成成本增加的同时，也导致能源消耗加大，由此排放出的二氧化碳也会增加。而且在现实情况下，很多生鲜农产品企业为了增加客户满意度，增加小批量或运载率较低的配送。以上这些问题在面对城市交通堵塞、配送路线改变、客户需求变化等干扰问题时，产生的二氧化碳同样会更多。

## 二、生鲜农产品冷链物流配送干扰管理问题的思考

根据国内外干扰管理研究现状，结合生鲜农产品冷链物流配送的实际问题，对生鲜农产品冷链物流配送干扰管理的研究可以从以下三个方面展开：

### （一）生鲜农产品冷链物流配送系统干扰事件的分类与辨识

生鲜农产品冷链物流配送过程中会出现不同的干扰事件，为了客观地分析干扰事件发生的原因，及时提出有针对性的应对方案，需要对其进行合理的分类。由于生鲜农产品冷链物流配送不仅具有传统物流的特点，还具有其他特殊的特性，如具有易腐、易变质的特点，因此，在配送的过程中往往对温度及湿度的控制要求较高，路线路径需要严格制定，表现为批量小、种类多、送货时间要求严格、成本高等特点。因此在传统物流业干扰管理的分类基础上，可以从交通、车辆路径、运输设备、需求、时间窗、人员、管理信息系统等方面对生鲜农产品冷链配送干扰事件进行分类。进行合理的分类，可以在实施干扰管理之前客观地对干扰进行辨识及度量。

### （二）生鲜农产品冷链物流配送系统干扰管理的数学模型研究

通过分析发现，现有的干扰管理模型没有将配送过程中的干扰事件作为多目标问题进行研究，这使得相关模型难以适应复杂多变的动态实时性特点，因而构建一种具有时效性的多目标规划的数学模型成为研究的关键。传统的图模型已经不能解决生鲜农产品冷链物流配送过程中复杂的干扰管理问题，为了有针对性地解决具体问题，应该结合物联网技术实时了解干扰事件相关信息，在线生成所需的模型。该类模型的应用可以及时发现配送过程中温度的变化及产品的质量情况。

### （三）生鲜农产品冷链物流配送系统干扰管理模型的算法研究

大规模的干扰管理问题的求解算法一直以来都是国内外学者研究的重点。传统的精确算法只是考虑到最优解，不能很好地反映实际情况。为此，需要把人工智能与计算机的定量分析能力结合起来，采用启发式算法来解决生鲜农产品冷链物流配送干扰问题。目前已有的研究文献采用了遗传算法、禁忌搜索算法及粒子群优化算法等启发式算法。近年来，拍卖式算法因在解决网络模型方面具有共享价格矢量及提高求解速度的特点，也逐渐在解决配送干扰管理问题时得到应用。

生鲜农产品冷链物流配送干扰管理问题的研究不仅有重要的理论研究价值，更具有非常重要的现实研究意义。近年来，食品质量安全日益成为人们关注的重点，冷链物流配送系统在保障产品品质及安全方面具有重要的作用，该环节温度及湿度的控制往往成为干扰问题最多的部分，因此加强对该环节干扰管理问题的研究十分必要。

生鲜农产品因其特殊性在采收、存储、包装、运输、配送等各个环节中会产生一系列的干扰事件，因此需要从供应链的视角对该产品进行干扰管理的研究，从而形成“从农田到餐桌”的全面保障。该类研究过程中顾客的时变性需求经常导致干扰事件的产生，而经验丰富的车辆调度及驾驶员可以较快地做出反应。但是如果是新的驾驶员，就要考虑他们的感受及状态，因此以不同主体行为方式为视角对干扰管理进行研究，就显得十分必要。冷链配送设备不同于传统的物流配送设备，同样的时间及距离能源消耗会更大，因此产生的二氧化碳将更多，以碳排放为研究视角对干扰管理问题进行研究将会进一步完善相关研究体系。另外，应该加强通过仿真实验来验证相关模型及算法的有效性。

## 第三节　物流仓储及配送合理化方案

仓储与配送是现代物流行业的重要环节，现已形成多元化和系列化的仓储管理与配送服务。随着物流信息技术不断发展，仓储管理与配送标准化方案设计及标准化设备使用，特别是托盘的标准化使用和共用托盘的实现，有效地提高了运输、装卸的速度，降低了物流成本，减少了野蛮装卸的可能，使物流配送中心在合理的设备使用和仓储方案设计中，形成一整套机械化、自动化的现代仓储配送物流系统。

## 一、仓储与配送方案设计的重要性

### （一）设备和物流信息系统的选择

一个新型的现代物流配送中心应根据配送企业物品的状况，选择不同的标准化的设备进行配送，并进行各种储存及配送方案的设计。以物流设备标准为依托，可使用标准化托盘、标准化货架及叉车设备。如果企业从事的是医药、烟草等行业，自动化立体仓库是提高企业生产效率、降低成本的首选设备。自动化立体仓库不但能提高仓储空间的利用率，还能使货物在仓库内按照设置完成全自动储存，实现储存各环节与生产物流各环节有效连接。对于配送的物品种类繁多、体积无规律性且尺寸很难统一的大型连锁超市，现代物流配送中心可以选择电子标签系统。该系统借助电子标签设备的灯光、提示铃和数字显示引导拣货人员拣选货物，通过电子标签系统与超级仓储管理系统有机连接，形成了一体化的自动拣选线。目前仓储配送中心更是普遍采用更具实用性和先进性的全自动化拣选设备。与传统的纸张拣选单方式相比，电子标签拣选系统实现了无纸化作业，不需要打印出库单、分拣单等纸张单据，降低了仓储成本的同时也增强了企业的竞争优势。

### （二）仓储与配送中心区域分布设计

根据配送中心的作用流程，可规划出各个流程作业相应的功能区域，主要的功能区域包括收货区（就地堆垛及上架）、存储区、拣货区（电子标签自动拣选）、补货区、验货区、月台码放区、退货区、叉车充电区和办公区等。其中，拣货区根据食品和非食产品作业电子标签设计分为食品线和非食品线两条，根据货量确定食品线和非食品线并设定每条线的分段数量，拣选人员扫描周转箱上的条形码，待提示灯亮起后按照提示的数字进行第一段的拣选，当第一段拣选完成后出现“AAA”时，说明第二段还会有货物需要拣选，拣货员在下一段会继续扫条形码拣选货物，当最后拣选段出现“CCC”时，说明设定的货物已经拣选完成，这时拣选员可以把周转箱推到有动力的输送线上，通过光电感应自动向前移动接受检验。两条分拣线设为高频分拣线，也就是出库量多的商品；以及相对出库量少的低频分拣线，采用半自动分拣方式。如果是多层仓库，可将所拣的货物放入周转箱推到传送带通过升降机降到一层进行检验。检验人员扫描周转箱上的条形码，待电脑出现拣选货物的名称和数量后，检验员便可开始对周转箱里的货物进行核对，看数量是否相符。拣选准确后打印封条（封上有店铺编号的封条）。选用人工进行检验，主要是因为每个物品的供货商所供的单件产品的重量有很大的误差，这也是无法通过高速秤完成自动检验的原因。

### （三）仓储入库、在库和出库管理的标准化

办理入库手续需向仓库管理员递交入库单，管理员根据入库单进行货物清点，登记入库物品的数量，并检验物品的质量，待数量、规格、品种、价格准确无误后在入库单上签字（或在入库登记簿上共同签字确认）。物品进库需根据入库凭证，现场交接，按所采购物品条款内容、物品质量标准，对物品进行检查验收，并做好入库登记。物品入库后，要按照不同的物动量分类及型号、材质、规格、功能，用标准化的托盘进行组托，放入货架的相应位置上储存，在储存时要注意做好防锈、防潮处理，保证货物的安全。根据ABC库存分类管理法确定货物的储存位置，根据就地堆垛规定的垛型标准完成堆垛的操作。进行在库管理方案设计，建立查验卡，记录进货的各种信息。仓管员要仔细查验物品与查验卡是否相符，做到熟悉物品的特性，了解物品的各种属性。标准化在库作业的操作流程包括在库盘点、盘亏处理、确定盘点频率，可根据物流动量管理法适当增加部分货物的盘点次数，制定标准化的设计方案以及在库的标准化管理方案。

## 二、物流设备托盘的标准化

物流设备托盘的标准化是运输物流、商贸物流发展的未来趋势。物流设备托盘主要有木制、塑料制、金属制三种，它是物流的基本单元和搬运器具，广泛运用于生产、运输、仓储、配送流通等环节。现代物流业中，托盘是与集装箱并重的两大关键性创新。一个国家托盘的拥有总量是衡量其物流现代化的标志之一，我国目前各类托盘的拥有总量已经超过了9亿个。但是托盘的标准化率才是物流现代化的关键标志，我国目前标准托盘的占比仅为23%左右，循环共用率更是低至2%，远远低于发达国家的水平。我国目前推出的标准化托盘长1200毫米，宽1000毫米。使用标准化托盘可提高装卸效率，实现托盘共用和带板运输，大幅度提升商贸流通的作业效率。以12.5米的箱式货柜为例，人工卸货需要3—4个小时，使用托盘共用系统之后卸货时间缩短为20—30分钟，效率提升了90%，机械化搬运大大代替了人力，货物的破损率降低了50%。为此，企业应呼吁更多的供应商使用托盘共用系统，以达到企业双赢的目的。企业不但要使用标准托盘，还要配有叉车等相关的物流设备。托盘循环共用是指同一使用标准的托盘实行托盘作用一盘化，托盘随同货物一起流转，中途不更换托盘，始终保持托盘货物单元状态并在终点进行回收，回收来的托盘经检验并适当维修后再进入商品流通环节进行循环使用。实现物流机械化、自动化，首先必须把货物整理成一个规格化、标准化的集装单元，形成单元化物流体系，托盘标准化起到了关键性的作用。在供应链各个环节中，只有使用统一规格的托盘，才能够使供应链运行协调通畅，降低运行成本，提高运行效率。

## 三、配送服务是有效联结制造商、批发商和零售商的重要手段

配送服务一方面打破了制造商、批发商和零售商之间的间隔，有效推动商品从生产到消费全过程的顺利流动；另一方面通过自身特有的系统设施以及标准化托盘的共用提高了经营能力，降低了成本，提高了作业效率，不断应对市场变化，创造了超越企业的供应价值。合理的配送服务方式不仅能够提高物品的周转率，而且能够从利益上驱动企业发展，特别是采用一些新的、先进的配送方式提高装卸速度可有效降低整个供应链的成本。仓储与配送现已形成多元化和系列化的管理体系。物流信息技术、自动化立体库、电子标签自动拣选等系统不断发展和完善，仓储与配送管理标准化方案设计及标准化设备使用，特别是托盘的标准化使用和共用托盘的实现，有效提高了运输、装卸的速度，降低了物流成本，减少了更多野蛮装卸的可能，使物流配送中心在合理的设备使用和仓储方案设计中形成了机械化、自动化的现代物流仓储与配送物流管理体系。

# 第四节　城市配送物流运输工具的发展

近年来，随着社会经济发展，城市化建设进程逐步加快，城市配送物流行业应运而生。城市配送主要是通过加工、包装、存储、组配、运输等多项活动，向城市合理范围内所包含的客户进行货物定时、定量、定点配送的过程。在我国，该行业发展势头正猛，社会各界给予其广泛关注。本节将针对城市配送物流运输工具的发展进行简要探讨。

城市配送服务在日常生产生活实践中占据着十分重要的地位。从某种意义上讲，运输工具的合理选择会对城市配送工作的高质完成产生直接影响，因此需重视城市配送物流运输工具的优化应用。

## 一、简述几种主要的城市配送运输工具

### （一）大型货运车辆

通常，城市一般不允许闹市中通行较多的货运车辆或者是不允许货运车辆停放，部分地区限制这些车辆在某些路段或者某个时间段、某个区域范围内通行。由此可知，城市周边郊区或者大型批发市场可作为城市货车停放站点。如果选用大型货运车辆进行城市物流配送的话，必须关注具体的城市车辆通行要求，一旦违规会导致扣分以及罚款。有时，部分进行城市居民生活急需品运送的或者有其他需求的货运车辆必须在禁行路段通行，需要协调交警部门给予放行。

### （二）微型面包车

我国普遍存在使用客运面包车载货运输配送的情况，具体来说，就是使用微型面包车运输工具，将其内部座椅拆除，组装成人货混装车辆。现如今，该工具已然成为我国城市物流配送的主要运输工具。然而，此做法并不能够充分满足专业化高效运输需求，催生了城市交通安全隐患。与此同时，非法营运问题随之形成，在城市商业集散地区集中大量非法营运载货车辆，给城市交通施加了较大压力的同时影响了通行安全，导致税费大量流失。

### （三）电动自行车

相较于公交和汽车等众多交通工具，电动自行车的使用既节能又环保。就快递服务和商业配送来说，电动自行车可作为门对门的交通运输工具。直至今日，在城市交通中，电动自行车的便利性仍无可超越。但是，据不完全统计，由电动自行车引发的交通事故逐年攀升；因此，我国很多地区限制不符合国家标准的电动自行车在城市相关区域范围内通行。很多快递公司普遍使用该种交通工具，但相较而言，电动自行车实际载货空间非常有限，难以充分满足城市配送高效运输服务需求。

## 二、城市配送运输工具的发展

### （一）新型货车的应用

某公司物流配送中心积极优化运营流程，将城市终端配送以及行包速递、零担货运配载、小件快运等作为其主要业务内容。而后，该公司为充分满足实际运输需求，淘汰多辆原有货车，并购置新型货车，这批新型货车是核定重量在一吨以下的整体式厢货车，且为全封闭状态，相较于公司之前使用的货车设施而言，新型货车载货空间稍小一些，驾驶室设置单排座椅，在相关部门核验并审批之下进行计价器和顶灯设备的配备，其中计价器的作用为通过打表措施就里程费用展开计算。与此同时，该公司完善构建信息网络平台，配置相应的服务热线，使得城市居民能够随时拨打电话呼叫货车。此外，将 GPS 设备安装在各部货车上，基于信息平台可实现对货车的全面监控，进而保障货物安全可靠运输。货车的深化发展更好地促进了城市配送事业的发展。

### （二）轻物流专用车

一直以来，我国针对城市物流的研究是较为滞后的，因而未能准确定义城市轻物流的相关概念。直至 2009 年，我国城市轻物流研究讨论会指出，城市轻物流指的是更好地服务于城市终端需求且特征为轻型、快捷的货物运输模式，其主要涵盖快递运输和商业配送等业务内容。就目前情况看，国外发达国家的专用车市场已经十分成熟，欧美城市大都采用全封闭整体厢货车。然而，在我国，物流行业市场开拓较迟，为充分满足市场需求，实现城市专业化高效配送，亟待快速发展轻物流。因此需基于专用车的使用完善城市轻物流。需要注意的是，城市轻物流专用车必须满足相关要求：第一，容量相对适中；第二，车辆灵活性好且拥有较强动力，环保美观，同时拥有良好的安全性能；第三，对比传统意义上的封闭式厢货车，轻物流专用车必须满足相应的物流环境要求，且可实现多功能配额，专用性较强。总之，轻物流专用车必须机动灵活、小巧轻便、专业程度高。譬如上海车展上来自南京依维柯汽车有限公司制造生产的整体式城市轻物流专用车，选择使用国外短头一体式厢货设计，密封性相对较好，可充分满足多功能轻物流需求，信息处理能力水平较高。该款车辆作为我国第一款真正意义上的轻物流专用车，对我国未来城市物流发展的影响是巨大的。

综上可知，运输工具作为城市配送物流的关键因素，其重要性不容忽视，必须高度重视相应配套设备及新型技术的优化改进，完善城市交通管理和法规建设、货运车辆管理等与城市物流相关的软环境，推动城市配送良性、可持续发展。

## 第五节　物流配送与运输企业业务处理

随着我国经济不断发展，商品种类、数目越来越多，流通越来越快。企业要通过加速商品周转和减少库存的经营方式来降低成本，提高循环速度，增强市场竞争力。新的物流配送追求的是在适当的时间配送必要的商品和必要的量，因此被称为及时制配送。

### 一、设计目标

物流效率的提高意味着促进生产和消费的循环，而配送是物流活动中最重要的环节，配送效率直接决定了物流效率。在物流配送业务中，配送车辆调度问题的涉及面广，是优化配送系统的关键。配送中，运输费用约占配送成本的 50% 以上，因此合理规划运输线路和配送车辆对降低配送成本、提高配送效率具有极其重要的作用。所以在物流管理系统中建立车辆调度管理模块可以有效实现车辆合理调度，减少车辆空载、闲停、多行驶距离，节省企业资源，对最终提高物流配送效率、降低物流成本、提高物流服务质量、增强物流企业竞争力有重大的实际意义。

物流配送与运输企业信息管理系统可针对各个货物储运单位的工作流程和业务特点，遵循规范管理、简化流程、提高效率的开发思想，利用软件实现以下功能：

全面实现物流货运企业日常业务的管理；完成物流公司大部分资料输入、处理、统计和查询工作，能够实现各类单据报表的打印；统计所有部门和人员的工作业绩；财务室通过系统操作可以对客户收费、发放员工工资及管理日常收支情况；可以对公司客户、车辆和人员情况进行全面了解，做到对车辆和人员调配有的放矢；对所有的系统操作实现权限化管理，给每个用户设置操作权限。

## 二、功能模块

在分析了物流配送及运输企业的业务流程和功能后，设计出系统的总体功能模块，主要包括以下几个部分：

客户管理模块，包括客户登录管理、客户资料管理、会员管理、客户身份验证、客户查询；订单管理模块，包括订单接收、订单分类整理、撤单、订单查询；仓库管理模块，包括入库管理、出库管理、库存盘点、仓库优化管理、货物查询管理；配送管理模块，包括配货管理、送货管理、运输跟踪管理、运输调度管理、配送线路决策、配送站点决策；经营决策模块，包括客户反馈信息管理、市场预测管理、市场信息管理；企业内部信息管理模块，包括企业介绍、经营理念、法律法规、市场报价等；财务管理模块，包括成本预算管理、客户财务结算、财务统计管理；员工设备管理模块，包括人力资源管理、人事考勤管理、设备维护维修管理；系统管理模块，包括用户管理、数据备份、数据恢复、系统设置、系统工具箱、文档管理。

以上各模块根据需要提供信息查询和打印功能，包括模糊查询、单项查询、综合查询、各种报表打印。系统采用客户端 / 服务器设计模式，客户端 / 服务器结构的管理信息系统具有较强的事务处理能力，能处理复杂的业务流程，而且可以充分利用两端硬件环境的优势，将任务合理分配到客户端和服务器端，降低系统的通信开销，使系统响应速度快。

## 三、系统架构

本系统架构针对物流配送及运输企业的需求，设计了一种数据处理能力强、网络传输效率高、配置灵活、扩展性强、可靠性高、部署容易、服务器负担低的分布式系统。在设计方案中，利用 .Net Frame work 4.0 的技术优势，重点强化对数据、网络、分布式事务等的处理，并降低服务器负担，使效率优势更为突显。

具体体现在以下各个层次中：

### （一）发布部署层

物流企业有大量的客户端，升级和部署客户端是一个很重要的问题，因为很多用户可能会在离线或者网络状况很差的条件下使用本系统。因此，系统采用智能客户端技术，提供很强的版本控制能力，有效解决客户端更新问题。

### （二）服务层

物流企业各部门之间需要发布大量数据。为了满足数据发布的需要，在服务层提供了灵活的配置能力，允许通过 .Net Remoting、Web Service 等方式发布数据。用户可以根据自己的情况，选择适合自己的访问方式。

### （三）业务处理层

物流企业存在大量的业务需求，这些需求变化性较大，业务情况复杂，业务流程应随用户的使用需要不断改进。在业务处理层提供灵活的配置能力，采用组件化搭建，使用户方便地选择自己所需要的业务处理能力，同时通过组件的分布部署，提供业务分布式处理能力。

针对业务流程，还采用了 Windows Workflow Foundation，使用户可以直观地设计复杂的算法，从而解决业务问题并为进程建模。用户还可以根据自己对系统的理解不断改进业务流程，从而优化业务处理能力。

### （四）数据处理层

物流企业存在大量的分布式数据处理需求。利用 .Net 远程激活对象技术特点，实现 COM+ 分布式对象处理，有效保证数据的完整性。同时，利用 Ado.net 提供的强大的数据处理能力，实现数据转换、分析、压缩等，结合数据库本身的数据处理能力，有效解决数据处理的需要。

### （五）传输层

物流企业存在大量的数据传输需求，用户的网络环境也很复杂。为了满足各种网络环境下都能提供最优的数据传输能力的需求，可以利用 .Net Remoting 技术优势，提供多种协议、多种数据格式、多种安全协议的传输方式。

### （六）系统架构层

.Net FrameWork 2.0 是微软推出的最先进的开发架构，在此架构基础上，软件可以适应各种微软操作系统、软件环境、硬件环境，保证用户使用得安全、方便。

本系统架构的研制，能够减少手工操作所造成的人力、物力、财力的浪费，提高物流配送及运输企业信息处理的精度和准确度，提高管理服务的质量和效率，提高配送速度，降低配送成本，更重要的是在保证并提高顾客服务的基础上，达到物流配送业务的三个指标：可得性、作业绩效和可靠性，并从整个流通企业管理的角度，使配送业务能够融入整个企业的运作，实现一体化管理。

# 第六节 共享经济背景下的物流运输配送

随着国民经济不断发展，我国物流产业开始出现利润下滑的问题，并且伴有物流行业配送运输产能过剩、信息明显不对称和成本过高的问题。本节主要对目前物流运输配送存在的优化问题进行相关讨论，综合归纳出了共享经济下的一些弊端和优化策略。以共享经济为基本背景，物流配送行业开始出现优化趋势，主要表现在对物流行业产业及相关产能过剩的再次利用、物流信息系统的组建和优化、绿色物流的发展和碳排放量的减少等。

共享的概念早已有之，在传统社会中，朋友之间借书或共享一条信息，包括邻里之间互借东西,都是一种共享形式。2010年前后一系列实物共享平台的出现,到现在的共享单车、共享汽车等，共享经济的出现有效解决了许多物流问题，并且为物流配送行业降低成本提供了参考，使得我国各项资源利用率有所提高。

## 一、共享经济的基本概述与相关功能分析

### （一）共享经济的基本概述

自 21 世纪以来，各国纷纷出现共享经济，发达国家靠此获得了巨额的经济收益。共享经济促进了世界经济发展，带动了世界经济增长潮流。党的十八届五中全会指出，要实施网络强国战略，实施“互联网+”行动计划，发展分享经济，实施国家大数据战略。分享经济，也称共享经济，在新经济形势下，中国把发展分享经济放在国家战略的高度，充分说明这一经济形态的重要性。

### （二）共享经济的相关功能分析

现阶段，共享经济依然处于初步探索时期，世界各国学术界对共享经济的基本内涵及相关范围并没有统一的界定和划分。共享经济的三大核心要素为产能过剩、共享平台、人人参与。本节分别从以下几个观念对共享经济的相关功能做分析：

**1. 共享经济能解决产能过剩的问题**

在共享经济的背景下，人们可以将自己剩余的产能和闲置的资源分享出来，使得资源能够有效实现再次利用，发挥资源的最大利用率。比如，如果家里出现空闲的空间，就能够通过共享平台完成登记注册，实现空闲房间的有效利用，将房间租赁给其他人。共享使闲置的资源被有效利用，甚至反复应用，从而增加了资源带来的经济效益，获取了更大的经济利润，促进了世界经济的发展。

**2. 专业的信息技术平台是共享经济发展的基础**

随着科学技术不断发展，人工智能、大数据、云计算等互联网技术开始实现交易双方信息共享，从而降低了交易的成本，使交易更加便捷。

**3. 共享经济实现了物品实用价值的转移**

在传统经济模式的交易背景下，购买一项商品，就相当于完全占有该商品的所有使用价值；而在共享经济的背景下，更多强调商品的使用，同一个商品能够被多个消费者应用。共享单车就是一个实例，虽然你没有某一辆单车的使用权限，但你可以多次使用不同的单车，实现了商品使用价值的转移。

**4. 共享经济的最终结果是获取收益**

共享经济的背后，存在着巨大的经济价值和丰富的应用潜能。以 2014 年全国共享经济的相关市场规模为例，仅一年时间，相关市场规模就达到了 150 亿美金，远远超过去年的市场规模。

## 二、共享经济背景下物流运输配送的基本现状分析

### （一）过剩的运输产能现状

物流行业存在的价值核心在于对商品的整合。物流企业能够通过组织、整合信息，完成平台整合以及资源整合，实现各项应用资源的充分利用，从而提高物流运输的速度，保障物流运输的质量，并且增加物流行业的产业效益。然而，现阶段，我国物流企业多是小而散的形式，物流行业综合排名前四位的物流公司的市场份额仅占中国物流市场份额的 2%，而美国物流公司前五强所占市场份额却超过 60%。

### （二）相关信息具有明显的不对称性

相关数据表明，我国公路货运经营业主超过 750 万户，其中绝大多数为个体运输户，占总运营业主比例的 90%，而且超过 97% 的经营户主拥有的货运车少于 5 辆。在传统经济背景下，物流行业无法建立自身信息网络，货运信息与车辆信息很难实现信息共享，使得公司与用户之间出现了信息不对称的问题，严重降低了物流运输的效率。

### （三）运输成本较高

物流运输配送过程主要包含仓储和运输两个基本环节，每一项环节都需要相关的物资占用和能源消耗。由于我国土地资源严重紧缺，一线城市地价普遍过高，因而物流用地建设困难。另外，汽油的价格也连年上涨。自 2010 年以来，劳动力成本也有所上涨，每年增长率为 20% 左右。物流配送的各个环节成本都在逐年上涨，因此，仅仅依靠资源投入配置转换很难在传统背景下实现物流配送运输的高效率。

## 三、共享经济下物流配送的优化路径探究

### （一）对过剩的产能进行充分的利用

在共享经济时代下，闲置货运车辆可以为物流运输行业提供力量。物流行业能够通过对资源整合，实现资源再次利用，充分利用过剩的产能以及闲置的资源，为社会提供使用价值。

### （二）构建完善的物流信息系统

物流业应建立物流信息系统，从而收集车辆信息和货运信息，通过大数据、云计算实现物流配送过程各个环节的资源信息整合，实现客户与公司信息的良好对接，从而减少运输决策失误。利用云端信息，能够实现共享信息的大范围推广，从而对物流运输行业的各个环节，包括运输、收货、装货、卸货等环节进行合理的统筹安排，改变物流配送运输行业小批量、多层次的运输问题，实现物流配送空载减少，提升资源的二次使用率。可以设立专注整合服务物流线路的公司，这一公司能够实现对上万家物流公司的运输配送，实现送货上门服务，将近一百万条送货上门服务路线覆盖全国多地。这一公司就是应用了共享经济的思想，能够实现离散物流个体经营户的整合，摆脱线下网点周转的烦琐，实现资源的有效配置，提高物流行业的流通效率。

### （三）严格控制物流传输过程中的碳排放量

实现物流行业的绿色化，主要目的是降低物流配送过程中对环境造成的各种危害，使得各项资源可充分利用。我国的物流成本占国内生产总值的20%左右，是欧美其他各国的两倍，其中增加的主要成本都应用在空载车辆上，浪费了车辆资源，也提高了运输成本。将互联网和物流行业结合，是共享经济背景下的新产物，这种模式成为物流行业的领军者，在全国范围内建立了服务物流系统，分布于我国300多个二级城市，建立近600个固定的网点服务站，有效实现了物流行业中物流配送空载现象的减少。

根据云科技计算与预测，在共享经济的背景下，货币资源的共享应用模式将会为我国节省价值约620亿元的燃油，同时将会减少3 300万吨的碳排放量，为我国自然环境的改善提供力量和支持。能够明显看出，我国物流企业在共享经济模式下，将会应用最高新、最专业、最符合历史发展潮流的技术来降低成本，获取更大的经济效益，走向绿色物流，发展优质的物流产业链。

共享经济为物流行业的快速崛起提供了条件。物流行业应该紧跟时代发展潮流，抓住新的发展机遇，优化解决物流行业存在的各项问题。实现物流行业在共享经济时代背景新模式下不断成长，通过物流共享模式实现各项资源整合利用，不断利用新型资源实现新的价值，形成新的数据资源，提高物流运输效率，降低物流成本，努力跨进物流管理供应链的新时代。

# 第六章　配送中心储存管理

## 第一节　配送中心储存管理概论

配送中心既是暂时储存和保管物资的场所，也是物资流通与信息管理的集散地，它随着流通物资储备的产生而产生。配送中心储存是流通物资储备过程中所发生的一切技术作业和经济管理活动的总称。配送中心储存管理是通过一系列技术作业和经济管理过程，共同实现物资流通和物资供应管理的工作，包括对配送中心和储存物资进行管理，如物资的验收入库、保管保养和出库发放等技术经济活动。

### 一、配送中心储存管理的意义

从现代物资流通的角度来看，配送中心储存管理的意义至少包括三个方面的内容：一是在配送中心技术作业的内容方面，如卸车、验收（检验）入库、堆垛上架、保管保养、出库准备、发料配送（或包装，装车发运）、结算等方面完成的技术作业。二是在配送中心经济（或经营）管理的内容方面，为了保证配送中心管理作业顺利进行，组织、指挥、协调和控制各作业环节和作业内容顺利实施，保证整个配送中心任务的完成和经济效益的实现而进行的，如配送中心的规划和合理布局，各种设施的合理使用，各种作业环节的组织管理和人员的安排调配等管理工作。三是配送中心传递的信息活动。在配送中心的具体管理作业中，常伴随着大量信息的产生，这些信息的收集、整理、分析、汇编、存储和传输，对配送中心管理的决策和进一步搞好物资管理工作有着极其重要的价值。因此，信息的收集、整理、分析、汇编、存储和传输是配送中心储存管理的重要内容。

综上所述，配送中心储存管理的意义是在技术业务环节上衔接好、处理好、完成好；在管理内容上负责好、规划好、协调好；在传递信息方面掌握好、保存好、收集好。只有做好了以上三部分的工作，配送中心储存管理的意义才能真正体现。

### 二、配送中心储存管理的研究对象

配送中心储存管理是随市场需求不断变化、科学技术进步和储存规模扩大而发展起来的一门新兴科学，属于物资管理的范畴。配送中心储存管理全程分为购、运、储、销四个基本环节，购、销是物资流通的起点和终点，是主导方面；储、运是中间环节，是基础。没有储与运，物资的流通就无法实现。配送中心储存管理就是研究物资流通过程中的储存环节。其具体的研究内容应从物资的进入开始，到发出为止，其中包括短途运输中的一系列经济技术问题和管理问题，如正确的验收方法、科学的保管保养技术、合理选择装卸搬运设备等。

## 三、配送中心储存管理的性质

### （一）配送中心储存是社会再生产过程中不可缺少的中间环节

（1）物资的储存保管活动是物资的生产过程在流通领域的继续，是物资进入流通领域时必要的社会劳动，它同样会创造价值。产品从脱离生产到进入消费，一般要经过运输和储存，而运输和储存中发生的费用支出是产品价值和劳动力的消耗，是产品价值的重要组成部分。物资的储存虽然不能增加物资的使用价值，但通过妥善的保管和维护，能保持已创造的使用价值不受损失，进而为物资使用价值的实现创造了条件。可以说，物资的储存管理参与了物资价值的实现，同样创造了价值。

（2）从产品再生产的全过程来看，物资的运输、储存和保管，能保证社会再生产的进行。从社会再生产的全过程来说，必须把物资通过一定的运输方式运到目的地，再经过分类、整理、加工、保管，然后投入社会消耗，最终才算实现社会再生产的目的。所以，储存是社会再生产过程中的中间环节。

（3）为满足一定时期的需求和某一生产的需要，一定量的储存是必要的。为保证社会需求和生产需要，这种储存在不断地消耗和不断地更新，这种消耗和更新归根到底也只能从生产中得到。这就是通常说的物资储存的“蓄水池”功能。

（4）配送中心储存活动的某些环节已构成产品生产过程的一个组成部分。如卷板的碾平、切割，原木的加工，零件的配套组装，商品的精包装，等等，都是为投入生产和使用做准备，其生产性更为明显。

由此可见，配送中心储存不仅是社会生产过程中不可缺少的中间环节，而且具有生产性。

### （二）配送中心储存管理具备生产力的三要素

为保证物资储存业务正常开展，必须具备储存物资的建筑物、容器、货架等劳动资料。为提高物资出入库效率，减轻劳动强度，要具备进行物资装卸、搬运、堆码、检验、计量等机械装备、仪器工具等。为防止各种有害因素对储存物资的不良影响，需根据物资特征进行适当的维护保养工作，这就要耗费一定的劳动资料和劳动力。所有这些情况，构成了储存管理的劳动力和劳动资料，而劳动对象就是被保管的物资。储存管理的整个过程，就是储存作业人员（劳动力）借助储存设施（劳动资料）作用于被保管物资（劳动对象）的过程。可见储存管理与其他生产环节一样，具备生产力的三要素，也同样具有生产性质。

### （三）配送中心储存管理的特点

配送中心储存管理虽然具有生产性质，但与一般工业企业的生产性质有很大区别，主要有以下七个方面。

（1）储存管理不能创造使用价值，但能创造其他价值。储存管理工作本身并不生产产品，被保管的物资也不会因为储存而增加使用价值。储存保管只是配送中心的一种生产方式，它把生产领域创造的物资的潜在使用价值转移成现实的使用价值，没有这种转移，物资的使用价值最终就不能得到实现。储存管理正是随着时间的推移和位置的变迁，使储存保管的物资保持了它原有的使用价值，或增加了物资的时间和空间价值。

（2）储存管理具有不均衡性和不连续性。物资的出入库不像工业生产那样需要持续、均衡地进行，这是因为产品一般要成批集中生产，受运输条件所限，物资的出入库时多时少，出现不均衡、不连续的现象。

（3）储存管理具有服务性。为保证社会需求和扩大再生产的顺利进行，配送中心要根据社会的需要，及时、准确、保质、保量地供给所需物资。从这个意义上讲，配送中心既要完成对供应者供给的服务，又要满足需求者对需求的服务。因此，配送中心储存管理作为物资流通的中间环节，要做好各层面的服务工作。

（4）储存不再是企业的资本，而成了企业的负债，是企业成本的付出。储存在企业中占据重要位置，许多企业的库存资金占总资金的50%以上。减少储存，就可以节省仓储费用和库存所占有的流动资金。

（5）企业产品的系列化、多样化，使得储存水平上升。如果某个企业只生产一种产品，那么企业可以预计销售量，就可以确定相应的周转库存和安全库存；如果该企业生产要增加产品的种类，那么每一种产品就要保持相应的库存，其库存总数就会大大增加。

（6）买方市场的形成使得零售商减少存货，将储存转移给了供应商，加大了企业储存管理的难度。

（7）供应链的加长使商品流通中间环节库存管理的复杂程度加大。商品流通中间环节承担了越来越多的商品合理化流动和供应保障功能，对供应链上下游信息的把握程度和物流运作的有效控制变得越来越精细和复杂。

分析物资储存管理的性质和特点，目的在于认识物资储存管理的客观规律，从而进行科学管理，合理组织储存活动，完成储存工作所担负的任务，促使储存管理水平不断提高。

### （四）储存管理的功能

从系统的角度看，储存管理应该具备如下功能。

（1）储存和保管的功能。仓库具备一定的空间用于储存物品，根据储存物品的特性配备相应的设备，以保证储存物品的完好。如储存挥发性溶剂的仓库，必须设有通风设备，以防止空气中挥发性物质含量高引起爆炸。储存精密仪器的仓库，需防潮、防尘、恒温，应设置空调等设备。

（2）调节供需的功能。物流活动的基本职能之一是创造物资的时间效用，这一职能是由物流系统中的配送中心来完成的。现代化大生产的形式多种多样，从生产和消费的连续性来看，每种产品都有不同的特点，有些产品的生产是均衡的，消费是不均衡的；有些产品生产是不均衡的，消费是均衡的。要使生产和消费协调起来，就需要储存起调节作用。

通过储存，可获得大量购买的价格折扣。配送中心通过大量采购可以得到价格折扣，但是这样可能会增加库存积压的风险，并使库存和储存费用上升。因此，需要衡量节约大量采购带来的采购成本与产生的储存和库存费用之间的关系，如果库存成本的增加低于购买价格的节约，配送中心就愿意增加储存。

（3）调节货物运输能力。各种运输工具的运输能力是不一样的：船舶的运输能力很大，海运船一般是万吨级，内河船舶也有几百吨至几千吨的；火车的运输能力较小，一列火车的运量最多几千吨；汽车的运输能力更小，一般每辆装 4 吨—80 吨不等。这种运输能力的差异是靠仓库储存进行调节和衔接的。

通过储存，实现批量运输，降低运输成本。整车运输比零担运输的运费低，只要运费的减少大于仓储成本的增加，那么大批量运输对企业就是有利的。许多企业在市场附近建立了面向市场的配送中心，将产品从工厂大批量运送到配送中心，然后再将产品以零担方式短距离运送给客户。这样，企业不仅可以缩短送货时间、提高服务水平，而且可以降低运输成本和在途存货成本。这些运输成本通常是产品最终售价的一个重要组成部分。

（4）流通配送加工的功能。现代仓库的功能已由保管型向流通型转变，仓库由储存、保管货物的中心向流通、销售的中心转变。仓库不仅要有储存、保管货物的设备，还要增加分拣、配套、捆扎、流通加工、信息处理等装置，这就扩大了仓库的经营范围，提高了物资的综合利用率，方便了消费，提高了服务质量。

（5）信息传递功能。现代仓库功能的改变，使仓库增加了信息传递的作用。当存储产品的品种多，且需要为每一种产品提供相应的仓储服务时，需要依靠计算机和互联网，通过电子数据交换和条码等技术提高仓储物品信息的传输速度，及时准确地掌握仓储信息，如仓库利用水平、进出库频率、仓库的运输情况、顾客的需求以及仓库人员的配置等。

（6）产品生命周期的支持功能。在商品的销售过程中，企业以满足客户要求为目的，要使货物、服务和相关信息在产出地和销售地之间实现高效率和低成本的正向和逆向流动，并执行和控制存储计划。这种计划的执行和控制对商品流通发挥支持功能，使仓库储存满足生产和销售计划的缓冲和超前储备过程的需要。

## 四、配送中心储存管理的任务

配送中心储存管理的任务是向社会、企业提供优质的储运服务，按质、按量并及时、准确地将物资提供给客户，满足生产和消费的需求。其主要任务有以下几点：

第一，遵守国家法律法规，充分调动工作人员的积极性，不断提高技术业务和科学管理水平。

第二，合理规划，有效利用各种存储设备，深入挖潜、革新，不断提高储运能力，提高作业效率。

第三，采用科学的保管方法，创造适宜的保管环境，提供良好的保管条件，确保储存物资数量准确、质量完好。

第四，合理组织物资的收发，保证收发作业准确、迅速、及时，满足供货方和用户的要求。

第五，做好物资的运输和配送。

第六，监督物资储备定额的执行情况，加速物资周转。

第七，合理安排各作业环节，提高经济效率。

第八，积极采取有效措施，确保储存设施、库存物资和人身安全，加强劳动保护，改善劳动条件。

第九，经常开展储存技术的科学研究，不断提高管理水平。

# 第二节　配送中心储存管理的职能和基础工作

对配送中心储存管理概念有了基本了解后，就要对配送中心储存管理的职能和基础工作有所掌握。

## 一、储存管理的职能

### （一）计划职能

计划职能是指明确奋斗目标和规定实现目标的途径、方法的一种管理功能。配送中心应根据市场发展的特点和需要，结合自身的具体情况，或根据客户的经营目标和方向，做好需求量计划、货源计划、进出库计划、保管计划等长期、短期计划，并明确应完成的目标、如何完成、何时完成、由谁负责等内容，使计划真正起到指导经营活动的作用。

### （二）组织职能

组织职能是为实现计划目标和任务而建立的适时管理组织系统，是明确各工作岗位的职责、确立各级人员之间的关系的一种管理功能。

要根据配送中心实施的任务、规模、特点，设置一定的管理机构（部、科、室、组），建立责任制，明确职权范围，以充分发挥各管理机构和各个职能部门的主动性。在具体的操作中，还应根据工作的特点和个人专长，正确配备各级管理人员、技术人员和工人，使劳动者之间，劳动者与劳动工具、劳动对象之间，尽可能在最有利的条件下结合，使储存活动协调、有序地进行，不断提高配送中心的经济效益。

### （三）指挥职能

指挥职能是高层管理人员根据计划的要求对各类执行任务人员进行领导和督促，以协调各项工作的一种管理功能。

指挥职能是保证配送中心正常开展储存业务和实现计划所不可缺少的条件。储存管理工作是一项头绪多、涉及面广的工作，既有人员组织、劳动分工的问题，又有设备、材料配置和经济核算等问题。因此，配送中心必须有一个强有力的组织领导机构来统一指挥和协调各环节、各方面的工作，以取得较好的效果。

### （四）监督职能

监督职能是管理人员通过检查计划执行情况，分析储存任务的完成情况，即分析储存中的有利和不利因素、存在的问题和潜力等，控制计划执行情况的一种管理功能。

要搞好监督就必须有严格的规章制度、明确的责任制、完备的标准和定额，并进行系统的检查和精确的核算，以便使监督具有充分的依据。为此，应建立可靠的、高效率的管理信息系统，为监督和控制各项储存经营活动及时提供依据。

### （五）调节职能

调节职能是修正计划执行中的偏差，及时解决上下左右各方面矛盾，保证计划目标实现的一种管理功能。

在计划执行过程中，经常会出现一些事先预料不到的问题和矛盾，这就需要适时地调整计划。为使各方面工作协调一致，随时解决出现的问题，应建立调度机构。这个机构必须熟悉储存过程中各个方面、各个作业环节以及各种信息的关联和情况，只有这样，才能发挥应有的作用。

以上所述的五种管理职能是一个有机的整体。通过计划，明确实施目标；通过组织，建立实现目标的手段；通过指挥，建立正常的作业秩序；通过监督，检查计划的实施情况；通过调节，纠正偏差，协调各方面工作，使计划更符合实际，从而保证目标的实现。五种职能相互联系，相互制约。

## 二、储存管理的基础工作

配送中心储存管理的基础工作主要包括以下六个方面。

### (一) 定额管理工作

定额是指在一定的条件下，对人力、物力、财力的利用、占有和消耗，应遵守和达到的数量标准。定额是计划的基础，没有科学的定额，就难以确定可靠的计划指标和合理的定员编制，综合平衡也就无法进行。

储存工作的定额主要包括：

(1) 物资装卸搬运劳动定额。

(2) 储存保管作业劳动定额。

(3) 苫垫材料消耗定额。

(4) 库存定额。

(5) 起重运输设备使用定额。

(6) 流动资金定额。

定额管理工作包括各类定额的制定、执行、考核和修正等内容。而制定定额的首要问题是如何正确确定定额水平。实践证明，定额水平必须是先进合理的，即经过努力能够达到的水平。因此，在制定定额时，必须要有充分的技术和经济论证，以达到技术先进、经济合理的目的。

### (二) 计量工作

计量是用一种已知的、标准的单位量来测量另一同类的未知量量值的过程。计量工作包括对物资进行测试、检验和各种理化性能的测定和分析等。物资储存过程存在着大量的计量工作，如物资入库验收、储存期间的盘点检查、出库清点等都离不开计量。因此，要保证储存活动基础资料的准确可靠，就必须强化计量管理工作。

储存管理对计量工作的要求主要有：

(1) 根据储存物资的特点和管理的要求，配备必要的计量器具，如量具、台秤、电子秤、仪器仪表等。

(2) 计量器具应按照国家主管部门颁布的计量器具鉴定制度、鉴定程序和有关技术标准进行定期的校准、鉴定，保证准确可靠。

(3) 保证计量器具的合理使用。计量器具的耐用性和工作精度取决于计量器具本身的质量和性能，但很大程度上也取决于它的使用情况。合理使用、正确操作、妥善保管可延长使用寿命和保持应有的精度。因此，使用时应按实际需要正确操作，禁止滥用、混用、错用等现象发生。

（4）保证计量的准确性。在物资的入库、储存保管、盘点、出库等环节中，要严格进行计量，不能采取估计、测算等方法，要确保计量的准确性。

（5）配送中心的计量管理工作要由专职机构或人员负责。机构设置和人员配备要根据其规模和实际需要确定。

## （三）标准化工作

标准化工作是在整个储存作业中对各个环节所规定的规范化工作的总则，它包括两个方面内容：

### 1. 技术标准

技术标准规定了储存的劳动对象、作业条件、作业方法和各类工作人员应达到的标准。它包括物资验收质量标准、堆码标准、保养标准、装卸搬运质量标准、机具维修与保养标准，装卸工、调度员、保管员、验收员、信息管理员及各职能部门工作人员和管理人员的工作标准。

### 2. 管理业务标准

标准化工作是一项综合性的基础工作。在储存活动中实行管理业务标准化，将储存活动中重复出现的作业活动按照客观要求规定其标准的工作程序和工作方法，并用制度形式将它固定下来作为行动准则，以明确职能机构、岗位和个人的工作职责和要求。标准化工作对提高经济效益具有十分重要的作用，是节约原材料、降低能源消耗、合理利用资源的有效措施，是实行经济责任制的基础。它有利于提高储存的科学管理水平，有利于组织专业的劳动，提高储运质量。在物流活动中，采用国际标准可提高物流活动在国际贸易竞争中的地位等。

搞好标准化工作，在制定或修改标准时应注意以下问题：

（1）标准应充分考虑使用要求。在制定储存作业标准时，首先要考虑需用单位和客户对物资的要求，努力改进自身的仓储条件。

（2）标准应技术先进、经济合理。在制定储存作业标准中的各项指标和要求时，应根据具体情况力求达到行业先进水平，只有先进的标准才能起到指导和促进仓储管理水平提高的作用。

（3）标准要从大局出发，考虑社会经济效益。制定标准是一项政策性极强的工作，关系到各层面的利益，所以标准不能只从局部利益出发，应从整体利益出发，考虑与标准有关的各个使用部门，特别是用户的要求和利益。

（4）标准的内容应完整、简要、明确和统一。标准应便于使用和执行，标准内容既要完整又要简单明了，便于操作人员记忆和贯彻执行。同时，还应注意保持标准的统一性。

（5）保持标准的严肃性和相对稳定性。标准一经发布就是技术规范，必须严格贯彻执行。执行部门应按照标准来组织作业活动，努力达到标准要求。标准在执行中应保持相对稳定性,既不能随意修改,也不能一成不变,应根据科学依据和发展要求适时地进行修改。

## （四）信息工作

为了及时掌握储存经济活动的全部情况，有效地执行储存管理计划，提高管理水平，增强竞争能力，必须建立反映储存经营活动及国内外仓储管理发展动态的各种信息的情报系统。信息系统的功能包括信息的收集、处理和传递。

### 1. 信息的收集

（1）原始凭证、原始记录的收集。原始凭证、原始记录是储存经济活动最原始的记载或是最初的直接记录，如物资的出入库记录、验收记录、检验报告、保管卡片、货物溢短或损坏记录等，其形式有卡片、凭证、记录、日志等，既有数据记录，又有文字记录。

（2）统计台账、统计报表的收集。在原始记录的基础上，要按照一定的要求和方法对各种数据整理和分析，加工成比较系统的资料，其形式主要是报表和文字说明。报表和文字说明的作用是：①及时反映储存经营活动的动态和问题，为指挥经营活动提供依据；②为编制检查计划提供依据；③为研究储存经营活动的规律、改进管理工作、制定各种技术经济定额提供依据。

（3）会计核算资料的收集。会计核算资料反映配送中心经营活动状况，通过对其进行分析发现储存活动中存在的问题，提出改进对策，提高经济效益。

（4）科技、经济情报的收集。科技情报资料是国内外同行业有关仓储科学技术进步的资料和动态，及时了解并掌握可推动自身仓储科学技术的发展。经济情报是反映同行内外情况变化的各种经济活动资料，如产品质量、需求情况、价格、用户要求、运价等，是仓储中经营活动决策的重要依据。

（5）物资储运档案资料的收集。物资储运档案是配送中心在组织物资储运中形成的并作为历史记录保存起来的各种文字资料，主要包括：①各种物资生产方式的有关资料，包括生产能力、资源分布、产量、品种、规格、产品质量状况、产品价格等；②物资供应的有关资料，包括供应方式、市场行情、经营服务情况；③物资储存的有关资料，包括用户的要求、需用方的物资消耗定额、产品变化情况等。收集物资储运档案资料是为配送中心进行科学管理提供的可靠资料，是物资分配和供应的重要依据。

### 2. 信息的处理

信息的处理是对收集的信息进行的加工、整理、分类、鉴别、分析、储存、传递等各项工作。信息处理工作一般由网络计算机或计算机软件进行。

### 3. 信息的传递

信息的传递是指将经过处理的信息及时、有效地传递给需用单位和管理者的过程。

## （五）建立健全各项规章制度

建立健全以责任制为核心的规章制度，是储存管理的一项极其重要的基础工作。责任制是在合理组织与分工的基础上，明确各级组织、各种机构甚至每一个岗位的工作任务与要求，做到“事事有人管，人人有专责”。责任制可按岗位和内容进行分类。

### 1. 按所处岗位划分

责任制按所处岗位可分为各级领导成员责任制、各职能部门责任制和工人岗位责任制。

### 2. 按责任制内容划分

责任制按内容可分为生产责任制（交接班、文明生产制度）、技术责任制（技术操作规程、设备维修与修理规程、安全技术规程等）和经济责任制（配送中心经济核算制、班组经济核算制、奖惩制度等）。

## （六）员工业务培训

员工业务培训是配送中心开展正常工作的技术保证，员工业务素质的高低决定了储存工作开展的好坏。员工业务培训按照员工进入企业的时间可分为入职培训、岗前培训和岗后培训。

### 1. 入职培训

入职培训是员工进入企业后首先进行的培训，对新员工尽快了解企业管理状况，熟知企业日常行为准则，明确自身的行为规范有重要作用。入职培训主要包括：企业规章制度、行为规范、职业道德、企业文化、企业发展现状和前景等。

### 2. 岗前培训

岗前培训是员工进入岗位后的前期教育，帮助员工更好地了解本岗位工作的性质、任务、内容和注意事项。从岗位操作的实际内容出发，岗前培训应有针对性地进行。不同的工作岗位培训内容大不相同，其内容主要包括：有经验的员工的演讲，技术人员的技能培训，工具的使用、维护、保管和保养知识的学习，岗位安全规程、操作规程、专项技能和工作作风的学习等。

### 3. 岗后培训

岗后培训是提高员工工作素质和适应新的工作方法的一项重要途径。加强员工的岗后培训工作，提高员工的文化、技术与业务水平，是一个企业掌握先进技术，搞好管理的坚实基础。无论是哪一项具体技术措施或管理方案的实行，或是重大技术、管理的改革，都需要把岗后培训作为先导和完成任务的保证措施。岗后培训的内容主要包括：熟练业务、新操作技术开发应用、新措施的实施等。

加强和改进培训工作是一项艰巨的任务，它涉及面广，需要投入大量的人力物力，花费大量的时间，只有坚持不懈才能抓出成效。因此，必须高度重视这项工作。

## 第三节　配送中心储存业务管理

掌握了配送中心储存管理的职能和基本任务后，我们还需要学习如何处理和管理储存业务，这是储存管理的核心工作。

### 一、储存作业过程

储存业务的整个作业过程从接运物资入库开始，经过保管和保养直到按用户需求将物资完好地发送出库为止。按照各种业务活动的内容和在全过程中所起的作用不同，可将储存业务的整个作业过程分为三个阶段：物资入库阶段、保管和保养阶段、出库发送阶段。在整个储存作业中，为了保证物资数量准确、质量完好，必须加强对作业过程中各阶段的管理。储存作业过程分为直接作业和辅助作业两部分。

#### （一）直接作业过程

直接作业过程是劳动者运用劳动工具，直接作用于劳动对象的过程，如物资装卸搬运、验收、保管、保养、盘点、发送等。

#### （二）辅助作业过程

辅助作业过程是为保证直接作业过程的正常进行所进行的各种辅助性作业活动及服务性活动，如对装卸搬运设备的保管和保养，库房、装卸工具的维修、加工，以及对维护保养物资所进行的研制工作等。

### 二、物资入库业务管理

物资入库是储存业务活动的起点，也是储存业务管理的开始。物资的入库管理包括物资接运、验收和入库三个环节。

#### （一）物资接运

物资接运是配送中心为物资的入库直接同承运者或供应者发生经济联系的活动。凡是运往配送中心保管、准备供给或中转的物资，大都经过不同的运输方式（铁路、公路、水路、航空等）才能进入配送中心。这些到库的物资的进货方式基本上有三种情况：由供方通过运输部门发运；由供方派车直接送货到库；由配送中心提运到库。物资接运的主要任务是及时向运输部门或供方接收入库物资，要求数量准确、手续清楚、责任分明，同时还要按照运单所列项目进行检查，防止运输中发生的问题滞留至配送中心。

根据到货的方式不同，接货方式分为以下几种：

1. 铁路专用线到货接运

进入配送中心铁路专用线的物资，一般均属大宗物资，至少一个车皮，接运时要做好以下工作：

（1）货未到前，应根据铁路到货预报，如货物运单，做好接运准备，如安排卸车货位、卸车所需工具设备，组织好卸车人员，尽量争取缩短卸车时间，减少搬运距离，避免到货临时卸车的现象。

（2）货车到库后，接运人员将车引入卸车货位，检查货物外观情况，如铅封、苫布等有无异状。凡检查中发现疑点或差错，特别是影响货物使用价值的，应会同铁路部门复查认定，属铁路承运责任的填写“商务记录”，属其他责任的需由铁路部门证明，填写“普通记录”，办理交接手续，以便分清责任。

（3）卸车。卸车时安排好各个作业环节，在铁路限定时间内完成卸车任务，不压车线；按车号原捆原装吊卸，批号、炉号、钢号、箱号、件号、牌号不能相混；按物资的性质合理存放，上盖下垫；物资不得碰坏、压折、变形；不得随意拆卸货物包装，若物资包装已损坏或不得不拆卸包装，必须与原包装分清并做标志，以防混乱。

（4）卸车后在每批货物上标明车号及卸车日期，并编制卸车记录，证明卸车货位、品名、规格、数量，随同有关证件、资料入库通知单、到货交接单转交验收员。交接时间应根据各企业的具体情况确定，一般在 24 小时内办好内部交接手续；配送中心应立即准备仓储货位，办理入库前的准备工作，尽可能做到随卸、随验、随入库的一次性作业。

2. 车站、码头到货接运

由外地供货单位委托运输部门或邮局代运或邮递货物到达临近车站、码头的物资，分整车到货和零担到货。

（1）整车到货。整车到货的物资，按专用线接运工作类同。

（2）零担到货。零担到货的物资接运时要做好以下工作：

①提货前的准备工作。了解所提货物的名称、型号、质量、尺寸、性质、发货时间、交货情况等，准备好吊装运输人员、设备，安排好存放的场所等。②提货。根据运单及有关资料，进行外观检查，查看包装、封印、受潮等情况，详细核对物资的名称、规格、数量等，如有异议或情况不符，应立即要求运输部门检查，对短缺、损坏情况做出普通或商务记录，注意记录内容与实际情况相符后方可提运货物入库。③短途运输和库内运输。要注意物资安全，严防乱装、损坏、丢失等；易碎物资要通知搬运人员轻拿轻放；精密仪器设备、贵重物资、防潮物资露天卸货后，要及时苫盖，严格管理；危险品要按照危险品搬运管理规定办理。④接运人员应与物资保管员密切合作，尽量使运输入库和验收堆码衔接成一次性作业，减少重复搬运。卸车应在保管要求的货位卸货，为下阶段作业提供方便，

并办理内部交接手续。

3. 供货单位送货到库

供货单位将物资运送到配送中心储存，这种情况到货的数量一般不多，可由验收人员直接与送货人办理接收工作。接货与验收手续要清楚，当面做出验收记录，若不能完成全部验收项目，应进行初验，将外观情况和件数查清；若有异议，应查实后填写记录，由送货人签章证明，作为退货、换货、补货的依据。

4. 配送中心自提

根据双方协商或存货单位委托需直接到供应商处提货，这种提货要和初验结合起来。验收人员应将有关技术检验事项详细告知提货人员，必要时可由验收人员参与提货。要在供货方处当场验收质量，清点数量，过磅物资应逐磅填写磅码单和捆扎件数，提运回库后，交保管员复验，如无异议，即可入库存放。

### （二）物资验收

物资经接运人员交给保管员后，要进入物资的验收环节。物资验收是保管工作的开始，是储存作业的重要环节。从管理的角度出发，验收环节应设立独立的验收机构和人员进行验收。

物资验收是验收人员按照一定的程序和手段，根据供货合同、随货凭证和有关的技术标准，对入库物资进行数量点检和外观质量检查的过程。

物资检验是检验人员根据供货合同和质量标准对物资内在质量及物理、化学性质进行试验或化验，也称商检。物资检验由商检部门进行，一般配送中心不进行此项工作。目前商检工作大部分用于进出口商品的检验。

1. 物资验收的程序和方法

物资验收作业程序一般包括验收准备、核对凭证、实物验收三个环节。

（1）验收准备。为保证验收工作及时准确地进行，提高验收工作效率，达到“快进”的要求，验收工作必须有计划、有准备地进行。验收准备工作包括：

①熟悉资料及验收凭证。②准备验收工具，如磅秤、量尺、卡尺及需要的仪表等，所有检验工具必须事先检查核对，保证准确。③确定入库物资的存放地点、垛形和保管方法。④准备需要的堆码、苫垫材料和搬运装卸设备、工具及人力等，对特殊物资需准备防护设施。⑤如物资需质量检验，应通知有关检验部门会同验收。

（2）核对凭证。入库物资必须具有下列凭证：

①存货单位提供的入库通知单、订货合同或协议书等。入库单应说明入库物资的品名、规格、数量和验收要求等。②供货单位提供的产品质量证明或合格证书、装箱单、磅码单、发货明细表等。③运输部门提供的铁路运单，如在入库前或运输途中发生残损等情况，应有商务记录或普通记录。

（3）实物验收。实物验收是物资验收管理的核心，核对资料、证件相符后，应尽快验收实物。配送中心一般负责物资外观质量和数量的验收。对于入库物资需进行内在质量和性能检验的，应积极配合检验部门做好此项工作。实物验收时要注意填写物资验收单或物资检验记录单。

①一般外观质量验收。外观质量验收主要是发现物资的表面缺陷，通过人的感觉器官检查物资包装的损坏程度；检查物资损伤（撞击、变形、破碎等）程度；检查物资被污染（雨、雪、油、其他）、潮湿、霉腐、生虫的程度；检查物资外形或装饰的缺陷等。对外观缺陷严重的物资要及时剔出，留待进一步处理。凡经过外观验收的物资，都应填写检验记录单作为入库的凭证。

②计量交货物资的验收。

a. 国内计量交货的物资一律按实际质量（重量）计算。

b. 进口计量交货的物资按合同规定计算。

c. 国产金属材料以理论换算交货的，按理论换算验收。理论换算方法按国家或冶金部门颁发的标准执行。

d. 定尺和按件表明质量的物资可抽验。抽验数应根据生产厂（国）的质量信誉、运输情况、外表检查及该产品的有关检验规定确定，一般抽验 5% —20%。对于数量少或抽查有问题的物资，可加大抽查比例直至全验。抽查无问题，其余包装和捆扎完整者，可不再点件过磅。

e. 对按实际质量计算的有包装、捆扎的物资，应抽取全批总件数的 10% 称取包装物质量，求出包装物平均质量，进而得出物资的实际质量。批量大时可适当减少回皮率。对于拆包装后难以恢复包装的物资，也可以称量整包物资的质量，按体积求出包装物质量，然后计算物资的质量。

f. 贵重金属材料，不论是否有包装，一律全部过磅计算。

g. 不能换算或抽查的物资，一律全部过磅计量。

h. 对于按质量交货的进口物资，无论用上述什么方法进行质量验收，发现质量不符时，需会同货主、商检部门按商检确认的检验方法进行复磅（验）。

i. 凡按质量验收物资时，应注意按层分别标明质量，以便盘点和发货。

现场使用的台秤或地磅，不可避免会有误差。要规定质量检验允许的误差，如规定钢材质量检验误差不超过正负千分之三；金属制品、电解铜不超过正负千分之二；有色金属不超过正负千分之一；生铁、废钢不超过正负千分之五。

③计件物资的验收。

a. 计件物资应全部清点件数（带有配件和成套机电设备须清查主件、附件、备件、零件等）。

b. 固定包装的小件物资，如内包装完整，可抽验内装实物 5% —10%，无差缺或其他问题，可不再拆验内包装件数。

④尺寸精度验收。进入配送中心储存保管的物资有相当多的品种需要进行尺寸精度的验收，主要是对金属材料的型材进行尺寸精度的验收，其次是对机电产品和少数建筑材料进行尺寸精度的验收。

金属材料型材尺寸精度验收，主要是对型材外径、内径、厚度、宽度、高度、边长和定尺长度等进行验收，如圆材的直径、椭圆度，管材的壁厚、内径，板材的厚度、均匀度，工字钢尺寸，槽钢的宽度、厚度、高度等。

我国生产的各种金属材料型材及主要产品基本上都有国家标准和部颁标准，尺寸规定允许有一定范围的偏差。进行尺寸精度验收时，一般采取抽验的方法，抽验 5% —20%，尺寸检验对热轧型材要求不太高，只对冷轧冷拉型材的尺寸精度要求高。

（5）用其他方法计量的物资。如木材、胶带、玻璃等，要按规定的计量方法清查。

（6）机械物理性能、化学成分的验收。这是一项技术性比较复杂、难度较大的工作。如对钢材进行机械性能试验，有拉力、压力、弯曲、冲击、硬度和工艺性能等项目，这些都需有专业人员和专用设备进行。验收中需要进行此类检验时，通常委托专门的检验单位或商检局进行，并做出检验记录。

**3. 物资验收要求和注意事项**

物资验收工作的基本要求是“准”和“快”。所谓“准”是指验收时对于物资的数量、质量等必须如实反映，尽量做到准确无误。所谓“快”是指及时验收，必须在规定期限内完成验收工作。如规定一般物资在 3 日内验收完毕，大型设备在 7 日内验收完毕。及时验收不仅能促进物资流转，使物资尽快投入生产，而且能使赔偿、退货、拒付等工作顺利进行。进口物资的检验工作必须做到不误索赔期。如因大批到货或检验复杂、限期过紧、确有困难时，应与存货单位协商，提出初验办法，再进行详细检验。

物资验收后，必须做出验收记录。验收记录包括以下内容：①验收物资的名称、规格等；②入库时的件数和包装情况；③到库日期与检验日期；④供方提供证件情况；⑤实物验收情况，如有短残损时，应写明发生在哪一件、哪一箱、残损程度与原因；⑥抽查的数量、标号，抽查结果；⑦处理意见。

验收记录应由验收人员签字并经配送中心分管领导审核、盖章后方能生效。对验收出现的重大问题，应及时向有关上级单位汇报。

**4. 物资验收中发生问题的处理**

（1）数量不准。物资验收后数量不符，若误差在规定的范围内则按实际数量入库；若误差超出规定的范围，需做出详细记录后呈报主管部门等待处理，等待期间该批物资不得动用。

（2）产品质量不符。验收中发现部分产品质量与合同规定不符的，先对合格产品进行验收，将不合格品单独堆放，并加注标记；若全部物资质量与合同规定不符，则停止验收，并在合同规定的有效期内提出交涉，进行退货或索赔处理。

（3）验收凭证资料不全或有误。验收凭证资料不全或有误就不具备验收条件，不能进行验收，可作为待验收物资处理。待验收物资应放在待验收区，待资料证件齐全后再进行验收。

（4）物资未到凭证资料已到时，应及时提出查询。

（5）查询和索赔。凡验收发现数量短缺或外观质量不符时，必须在货到10天内通知对方，以便查询；若需安装运转后才能发现问题，应在安装运转后6个月内提出异议。查询赔偿要求一般分为退货、换货、补交实物、降价、修理等。

对验收国内物资不符的索赔，如属运输部门责任的，应填写索赔单，随同运输部门的商务记录，交运输部门处理；属供货单位责任的，经查询后处理。对验收进口物资不符的索赔，如属供方责任的，应在规定索赔期内向外商提出索赔。对外索赔需要有检验检疫局的证明及验收报告、对外贸易合同、国外发货票、装箱单、质量证明书及运单等。索赔期内应妥善保管物资，以备复验。

（6）物资验收前已有残损短缺等情况。有商务记录或普通记录等凭证者，按实际验收情况填写验收记录；没有商务记录和运输部门记录的，应查明责任；接运时尚未发现已无法追赔损失时，应由接运部门负责；外观良好，内部残缺时，应做出验收记录，与供货方交涉处理。

## （三）物资入库

经过验收合格的物资由验收员或技术员整理有关的凭证资料（入库通知单、检验记录单、磅码单、产品合格证、说明书、装箱单等），交给保管机构，证实物资验收合格即可正式入库保管，到此，物资进入入库业务管理环节。物资验收入库时，必须办理登记、立卡、建档等一系列入库手续。

### 1. 登记

物资入库时，首先要建立物资保管台账和材料明细账。

（1）物资保管台账是详细反映物资进出库和结存情况的账目，应分别按物资的品名、规格由存货单位分批填制，同批到达、规格型号相同但单价不同者应分列。在物资保管台账上均应注明货位号和档案号，以便查对。

（2）材料明细账是财务管理的明细账，也是配送中心的总账册，详细记录了物资的收入、消费、拨出与结存情况。材料明细账的设置必须考虑供应工作、统计工作和财务工作的要求。材料稽核员应根据供应单据稽核材料明细账，稽核后签字。

材料明细账的账页是以每种材料的品名和规格来设置的。材料编号、名称、型号、计量单位、单价等一般都列于账页的下方，以便翻阅。账页是按日期顺序登记的有关记事摘要和指标。记事栏内包括单据的种类、编号和摘要。指标各栏主要由收入、消费、拨出和结存数量组成。

（3）记账注意事项。登记账卡前首先要认真审查凭证，再按凭证的时间顺序记账。记账要用蓝色或黑色钢笔、碳素笔书写，红字用于冲销。要记好日期、凭证编号，摘要栏要尽量简明扼要，认真填写。要按顺序记账，不准跳行、隔页。字迹要工整，不准任意涂改，不准刮擦、挖补或用药水消字。要注意账页的承接，如内容接续，应在账页最后一行的摘要栏内注明转至此页，并依次结出本页收、支、存数；在次页第一行摘要栏内注明承前页，并记录上页结出的收、支、存数。保管账是搞好储存管理、进行经济活动分析的重要基础资料，所以登账管理要严肃认真。登账时必须以正式收发凭证为依据，避免混乱。

2. 立卡

立卡是为每种规格的物资建立一张随物卡，用来直接表明该垛物资的品名、规格和出入库动态。建立物资卡片应一物一卡，一垛一卡。卡片一般挂在上架物资的下方或悬挂在堆垛物资的正面。每次入库码垛时，即按入库单所列内容填写卡片，发货时按出库凭证随时消除卡上的库存数量，以防事后漏记，要经常清查实物，保证卡物相符。

## 三、出库业务管理

物资出库是配送中心储存作业过程的最后一个阶段，也是保管物资的最终目的。出库业务是根据业务部门或存货单位开出的出库凭证，如提货单、调拨单、领料单等，按其所列的物资名称、型号、数量、批次等项目，组织物资出库前的准备、核对凭证、备料、复核、清点交接、清理等一系列工作。出库业务管理通常包括以下内容：

### （一）出库业务管理的要求

1. 严格执行“先进先出”的原则

入库物资应按照入库时间安排好出库顺序，先进的先出，保管条件差的先出，包装简易的先出，易变质的先出。对保管期限要求严格的物资要在期限内发出，以防物资变质。

2. 按规定手续出库

物资出库一定要按统一的单据和手续进行，没有正式手续不能出库。出库凭证必须复写，数字不得随意涂改，用途要填写清楚，戳记要齐全。

### （二）出库方式

1. 自提方式

需方凭物资调拨单、提货单、领料单，自行到配送中心提货。

2. 送货方式

依据发货单备料后，将所需物资送至需求地。

**3. 配送方式**

根据用户的需要，定时、定点、定量地将多种物资进行配装、分装，然后送交用户。

**4. 代运方式**

委托专业运输部门将物资托运到收货人所在地。

### （三）出库作业程序

出库作业程序是物资出库必须经过的环节。为了使物资准确、迅速地出库，避免发生货损、货差事故，出库时必须按照一定的程序进行。

**1. 出库前准备**

根据物资出库的任务，事先做好出库物资的安排，包括货位、机械设备、工具和人员安排。对需要办理代运的物资，提前向承运部门提出运输计划。

**2. 核对出库凭证**

首先，应审查凭证上的印章是否齐全、相符，凭证有无涂改等。其次，要与库存“物资明细账”上的各项核对无误后再进行备料。

**3. 备料**

根据出库凭证的内容要求，对出库的物资进行出库前的预先安排，主要包括货物准备、包装、填写料卡和技术资料准备。

**4. 复核**

为保证出库物资不出现差错，备料后应进行复核，复核的内容包括：物资品名、型号、数量等是否与出库凭证一致，配备是否齐全，技术证件是否齐备，外观质量和包装是否完好，要做到“三核对、三齐全、三不走、三清点”：

三核对：核对单据、核对物资规格、核对数量。

三齐全：配套齐全、凭证齐全、随物资料齐全。

三不走：包装不好不走，数量、质量不符不走，装卸不符合安全规格不走。

三清点：保管员清点、出库门卫清点、押运员或收发助理员清点。

**5. 清点交接**

物资经过复核后，需要办理交接。如自提可带着物资和全部凭证与提货人当面办清手续。如委托代运，需办理内部手续，向负责代运部门和包装部门交点清楚，由接收人签字。

**6. 清理**

物资运走后，实物、卡片、账目等都发生了变化，应立即清理，整理账面，清理单据，整理货位及发料区，使保管工作重新保持账、卡、物、证相符的状态。

# 第四节 储存管理方法的应用

## 一、ABC 管理法在储存管理中的应用

### （一）ABC 管理法的概念

ABC 管理法也称 ABC 分析法、重点管理法。该方法源于意大利经济学家巴雷特。巴雷特在 1879 年研究意大利人口与收入的分配时发现了这样一个现象：占意大利人口 5% 的少数富人的收入占国民总收入的 75% 左右，而人口占 95% 左右的穷人的收入只占国民总收入的 25% 左右。他将这一现象绘成了一个坐标图。这就是有名的“巴雷特曲线”。巴雷特曲线揭示了一个在经济现象中存在的普遍规律，即在社会经济现象中都存在“关键的少数和次要的多数”。由于这个现象是巴雷特揭示的，所以又叫巴雷特规律。例如，在物资的销售总额中，为数不多的贵重商品的销售额占了其中的大部分，而品种众多、售价很低的一般商品的销售额只占销售总额的小部分。这一现象反映的普遍规律曾被美国应用在军事防卫上，后又被经济学家应用在企业管理中，特别是 20 世纪 60 年代以后，日本的经济学家不仅将其普遍应用于经济管理，而且进一步归纳并发展成了现在的 ABC 管理法。用这种方法对仓库储备物资实行管理，已取得非常明显的经济效益。

### （二）ABC 管理法的实施步骤

第一，计算每种物资的年消耗金额和全部物资的年消耗总金额：

某项物资年消耗金额 = 单价 × 年消耗量

全年物资消耗总金额 =∑ 单价 × 年消耗量

第二，将各种物资年消耗金额按从大到小的顺序排列。

第三，计算每种物资的年消耗金额在年消耗总额中所占的百分比。

第四，根据管理上的需要，按年消耗金额大小以及在年消耗总金额中所占的百分比划分成若干区段，计算出各个区段的物资品种数占全部物资品种数的百分比和各个区段的年消耗金额占全年消耗总金额的百分比。根据计算的情况找出品种占总品种的 10%、年消耗金额占总金额的 76% 的 A 类；找出品种占总品种的 20%、年消耗金额占总金额的 20% 的 B 类；找出品种占总品种的 70%、年消耗金额占总金额的 4% 的 C 类。这种分法称为 ABC 分类法。

第五，为了管理方便，按 ABC 分类表中的数据画出 ABC 分类图。

第六，通过 ABC 分类法为库存物资的管理找到重点。占全部物资总数 10% 的 A 类物资，占了年消耗资金总数的 70% 以上，是储存管理的重点对象。因此，要集中精力对 A 类物

资的库存量、进货批量和发出量进行认真研究，经常检查库存动态，及时进行统计分析。这样做的结果是管理费用不多，经济效益却很高。当然，对A类物资的重点管理不代表对B类和C类物资放松管理，对B类和C类也应适当加以控制。在很多使用ABC管理法的企业中，经常将ABC管理法的分类管理情况制成表格。B类和C类与ABC管理图一并挂在一起，使工作人员时时可以看到。在具体操作中，如将具体目标落实到各个班组与管理者本人，会收到事半功倍的效果。

ABC管理法的应用要根据具体情况灵活掌握，如生产性质不同或消费物资的范围不同，ABC三类物资的构成也不同。因此，用ABC管理法应有针对性地进行分类，如依据数量或价格等。

## 二、库存论在仓库管理中的应用

### （一）库存论概述

库存论是专门研究物资流通的静止状态的一种理论，库存是库存量的简称，仓库储存物资的数量或金额统称为库存量。对库存量的大小进行控制的技术称为库存控制技术。配送中心储存是为满足社会需要而服务的，因此，要求配送中心的库存保持一个合理的量，这个量不能太大，也不能太小。太大会造成人力、物力的浪费和管理费用的增加；太小会造成供应不足，影响服务质量，经济效益降低。如何将库存量保持在一个合理的水平，这就是库存论要研究和解决的问题。

一个完整的储存过程应当包括四个环节，即订货采购、进货、保管储备和供应需求环节。从库存论的角度看，影响库存量大小的只有订货采购、进货和供应三个环节。而订货采购和进货两个环节是增加库存量，供应需求环节是减少库存量。库存控制就是对库存量进行控制和调整，使库存量经常保持在合理标准范围内，保证及时、齐备、按质按量满足社会需求，掌握库存量的状态，适时适量地提出调整，最终达到库存物资管理费用最省的目的。在进行库存控制时，常使用定量库存和定期库存控制等方法解决库存控制的问题。

### （二）定量库存控制法

以固定订货点和订货批量为基础的库存控制方法称为定量库存控制法。定量库存控制法是采用永续盘点的方法对收发动态的物资随时进行盘点，当库存量等于规定的订购点时进行订货，每次购进物资的数量是固定的。这种库存量控制的特点是订购点和订购批量固定不变，只是订购周期和进货周期不固定，所以称为定量库存控制法。定量库存控制法的关键是确定订购点。订购点定得高，则会提高平均库存量；定得低，将会导致供求的中断。因此，确定订购点是定量库存控制的关键。订购点的计算公式：

订购点 = 备运时间需要量 + 保险储备量

= 平均备运天数 × 平均每天需用量 + 保险储备量

式中：备运时间称为前置时间，指从提出订购到物资到货再到投入使用所需要的全部时间。备运时间包括五项内容：

提出订购、办理订购、采购手续所需要的时间。

供货单位确定供货到发运所需要的时间。

物资在途的运输时间。

物资到库后的卸车、验收、入库时间。

物资在投入使用前的准备加工时间。

由于实际订购的备运时间不尽相同，因此在具体确定订购点时，应按历年订购实际需要的备运时间的平均值作为新的备运时间。

保险储备量是为应付备运时间需要量的变动而建立的，主要包括不能按时到货、实际备运时间超过平均备运时间而增加的需要量，以及备运时间内的每天实际需要量超过平均每天需要量时增加的需要量。

### （三）定期库存控制法

以固定的检查和订购周期为基础的库存量控制方法称为定期库存控制法。定期库存控制法采取定期盘点，按照固定的时间间隔检查库存物资数量，到一定界限时，即提出订购或采购。订购或采购批量根据盘点的实际库存量和下一个进货周期的预计需要量确定。这种方法的特点是订购周期是固定的，而订购点和订购批量是可变的。这种控制方法的计算公式为：

订购批量＝订购周期需要量＋备运时间需要量＋保险储备量－现有库存量－已订未交量

＝（订购周期天数＋平均备运天数）× 平均每天需要量＋保险储备量－现有库存量－已订未交量

式中的现有库存量是提出订购时盘点的实际库存数，已订未交量是已经订购、在订购期内到货的期货数量。

保险储备量不仅要应付备运时间内的物资需要的变动，而且要应付整个订购周期内物资需要量的变动。因此，同一种物资来源，定期库存控制法比定量库存控制法的保险储备量要大一些。

定期库存控制法的订购批量以各周期均衡需要进货后的物资库存量为依据。订购周期的长短对订购批量和库存水平有决定性的影响。

定量控制与定期控制两种方法相比各有优缺点。通常，定量库存控制法有以下优点：

（1）定量库存控制法能经常掌握物资库存的动态，及时提出订购采购计划，不易出现缺货现象。

（2）定量库存控制法比定期库存控制法的保险储备量相对少一些。

（3）每次订购量固定，可采用经济订购批量进货，便于计划和安排仓库的验收和入库作业。

（4）永续盘点虽然较烦琐，但用微机程序进行管理则非常简单易行，订购手续简便。

定量库存控制法的缺点是：

（1）由于订购时间不固定，很难编制出严密的订购采购计划。

（2）对所有物资都是一样的管理方法，不能对重要的、关键的物资进行重点管理。

（3）对全年需要量变化大的物资不宜用定量库存控制法管理，因为不能及时调整订购批量。

（4）定量库存控制法只适用类别物资，不能用多种物资合并订购。

定期库存控制法的优缺点正好与定量库存控制法的优缺点相反，所以他们的适用范围不同。定期库存控制法一般适用下列物资的管理：单价较低的物资；需要量比较稳定的物资；缺货时，影响比较大、损失比较大的物资。

定期库存控制法适用于需要量比较大的物资；适用于必须严格管理的重要物资和有保管期限制的物资；适用于需要量变化较大，但可对其进行预测的物资；适用于仓储发货配送繁杂，难以进行连续库存动态登记的物资。

## （四）经济批量订货（EOQ）模型法

它是通过平衡订货成本和仓储成本，确定一个最佳的订货数量来实现储存的总成本最低的方法。EOQ 模型的基本假设如下：

（1）需求量确定并已知，整个周期内的需求是均衡的。

（2）订货周期固定并已知。

（3）集中到货，而不是陆续入库。

（4）不允许缺货，能满足所有需求。

（5）购买价格或运输费率是固定的。

（6）没有在途库存。

（7）与订货的数量、时间无关。

（8）只有一项产品库存，或虽有多种产品库存，但是各不相关。

（9）资金可用性无限制。

在以上假设前提下，EOQ 模型只考虑两类成本：储存持有成本与订货或生产准备成本。储存持有成本随订货批量的增加而线性增加，如果只考虑储存持有成本，则订货批量越小越好。而订货成本随订货批量的增加而减少，如果只考虑订货成本，则订货批量越大越好。因此，应权衡考虑两种成本，使总成本达到最小时的订货批量就是最优订货批量。

## （五）其他库存控制方法

定量、定期库存控制法适用于在市场上可以随时、任意采购到的物资的库存控制管理。对于那些计划分配物资的库存控制，我们可采用以下方法：

### 1. 最高最低储备量控制法

对于重要的、关键的物资，通常在库存储备上制定最高和最低库存储备定额，采用定期盘点或永续盘点，使物资的库存量始终保持在最高储备量和最低储备量之间。

### 2. 警戒点控制法

警戒点控制法是从最高和最低储备量控制法演变而来的。当以最低储备量为控制库存量的依据时，往往由于调节时间短，易出现缺货，影响正常供应。鉴于此，可根据各种物资的具体供给需求情况的不同，规定出比最低储备量稍高的警戒点，当库存量降至警戒点时立即提醒，及时采取补充措施。这种方法能有效地减少缺货现象，保证供应，也有利于降低保险储备量。

### 3. 根据平均到货日期控制库存量

按供应期确定物资储备定额，是以供货周期平均天数为基础的。供货周期平均天数是根据历史统计资料求得的。例如供货周期为一个月，每月进货一次，在需求较为均衡的情况下，每次进货数量基本相同，即可根据上年度中每个月的到货日期，求得平均到货日期。

平均到货日期 =∑ 每次验收入库天数 ÷ 到货次数

以上介绍了几种常用的库存控制的方法。库存控制的方法还很多，这里我们就不一一介绍了。

# 第七章　新时代物流管理的实践应用研究

## 第一节　绿色物流的管理与应用

随着经济发展，经济全球化已经影响到千家万户，经济发展导致人类的生存环境也面临巨大的压力。物流，是经济发展的一个部分，物流发展的同时也同样带来环境问题。当前，在物流管理理念的影响下，绿色物流管理已经成为一种发展趋势。本节以绿色物流为研究对象，从政府、企业的立场对绿色物流管理进行分析。

首先要明确绿色物流的概念。所谓绿色物流，就是把对环境的污染降到最低的物流模式。环境恶化使人类的生存与发展面临巨大挑战，因此，合理利用和保护环境已成为人们的共识。在这种情况下，现代物流必须要充分利用物流资源，全面考虑环境问题，从环保的高度对物流管理进行系统改革，形成一个与环境保护同步的、可持续发展的、绿色的现代物流管理系统。

### 一、绿色物流的基本理论

#### （一）可持续发展理论

可持续发展已不是个新名词，它是既满足当代人的需求，又不损害后代人利益的一种发展模式。1987 年，联合国世界环境与发展委员会主席布伦特兰在“我们共同的未来”工作报告中，正式提出可持续发展的概念。可持续发展的要求是全面、协调、可持续，必须维护资源和环境的协调、可持续发展。所以，为实现长期稳定的发展，就不得不采取措施保护自然资源和环境。经济上的可持续发展同样适用于物流管理。物流运输的过程中伴随着能源的消耗和环境的污染，如果想实现长期可持续发展，就必须把环境保护放在首位。正是基于可持续发展理论，当前的物流管理要形成物流与环境相互推动、相互制约的关系，实现物流与环境的“双赢”。

#### （二）生态经济学理论

生态经济学是研究生态系统和经济系统的结构、功能及其运用规律的一门边缘学科。

生态经济学旨在促进社会经济平衡发展的前提下，实现健康、稳定的发展。物流作为社会再生产的一个基础，主要包含了资源的循环利用与能量转换、价值实现与价值转换两个重要组成部分。这两个组成部分恰恰是经济与环境的两大系统，所以也可以说物流是联系经济效益和生态环境效应的一座桥梁。众所周知，传统的物流管理没有处理好两者的关系，只追求经济效益，忽视了环境效益，这样做的后果只能是二者的效益都没得到很好的实现。原因之一是经济利益往往与眼前和局部利益联系较为密切，而环境更多的是与长远的整体的利益相联系。绿色物流摒弃了传统物流的缺陷，它处理好了两者的关系，并且以生态经济学为指导，对物流生产的各个环节进行严格规范，实现了经济效益和环境效益的协调发展。

### （三）生态伦理学理论

生态伦理学在道德上要求保护生态环境，有学者也把它称为“环境伦理学”。出于道德的压力，人们不得不对物流运输过程中造成的一系列的环境问题进行反思，进而产生了一些有危机感、责任感、义务感的业内人士，他们呼吁在物流运输过程中重视经济效益的同时不能忘记生态效益。保护环境是人类不可推卸的责任，这是对自己负责也是对子孙后代负责。正是出于这样的道德支持，生态伦理学也成为现代物流的一个基础理论。

### （四）稳态经济理论

在现代，人们普遍追求的是人与人、人与自然之间和谐的关系。与只追求经济增长相反，稳态经济模式是一种使人口和人工产品总量保持恒定的经济模式，稳态经济强调的是质的发展，而不是量的增长。绿色物流借助这一理念在发展现代物流的时候，不再只片面强调物流规模的扩大，因为大小通吃会造成整个物流系统繁杂，不仅不利于物流的发展，更重要的是会造成资源的极大浪费和环境的严重污染。该理论强调现代物流应该重视质的发展，打造一个优秀的物流企业，质变是物流行业竞争取胜的关键。

## 二、绿色物流的管理

绿色物流管理是可持续发展的一部分，对经济的发展以及人民生活水平的提高有巨大的促进作用。不管是政府还是企业，都应该强化物流管理，创建一个完善的绿色物流管理体系。

### （一）政府职责

#### 1. 对根源问题的管理

主要是针对物流运输过程中环境问题产生的根源进行治理。物流的发展必定会带动物流配套产品的增加，也必然会加重环境的负担。政府在这方面可以做到以下几点：一是制定相应的政策法规，对排放量进行限制，如可以按照不同排量收取相应的污染治理费等措施来实现；二是加大宣传力度，倡导低碳生活，减少车辆使用率，如一些城市建议“自行车运动”；三是大力发展公共交通事业，完善城市公共交通系统，这不仅可以解决城市交通拥堵问题，而且可以降低私家车使用率，从而起到节省能源、减轻环境污染的作用。

2. 加强对交通的管理

一是加强对交通量的管理。要发挥政府的领导作用，对物流运输进行统筹规划，制定科学合理的运输路线和运输方式。与此同时，政府可以配合企业建立物流中心，对物流运输进行统一管理，特别是小型的物流公司，使运输畅通化，进而提高各企业的物流效应和配送效率，为物流发展提供合理的途径。二是加强对交通流的管理。政府应该科学合理地布局城市道路网，制定切实可行的与交通治理相关的规章制度，确保物流车队能够畅通无阻，不因交通问题而使物流运输出现低效率、高耗能。

### （二）企业责任

1. 绿色管理

绿色运输管理。企业与企业之间可以加强联合，组成统一的配送中心，特别是中小企业，要采取分工合作的方式，实现共同配送，从而改变车载不满或货物多而载不完等现象，提高车辆利用率进而提高物流效率。共同配送的主体主要有两种，即货主和物流企业。选择共同配送，货主占有更大的优势。以中小批发者来说，通过共同配送可以克服批次多、货量小的缺点，达到少量配送的要求，满足客户要求，从而提高业务水平。当前的物流企业大多采取单干的方法，大包大揽。由于缺乏资金，管理繁杂，缺少人才的限制，在物流运输过程中出现了一系列问题，如运送量少、效率低下等。如果采取合作的方式，共同配送，则上面出现的种种问题都可以得到很好的解决。所以共同配送是一个很有效的物流管理方法，能够在经济效益最大化的同时缓解交通，实现环境效益。

运输方式管理。公路运输、铁路运输、水运、空运是运输的四种基本方式。物流运输中的复合式运输就是综合四种基本运输方式的优势，并把它们有机结合起来，采取多种途径运输的一种运输方式。复合式运输主要还是采取集装箱的手段，一是可以很大程度减少包装损耗和货物丢失，从而降低费用。二是集装箱尺寸的标准化，可以很大程度上提高装卸效率。三是从环境上看，物流和其他生产不同，它比其他部门有更高的环境和硬件要求。天气的好坏、道路等相应基础设施是否完善，都对物流的产销、运输产生重要的影响。所以复合式运输是很好的应对措施。此外，复合式运输还可以降低单一运输的风险，追求运输过程效益的最大化。不仅仅是政府，企业同样承担着节约资源和保护环境的重任，使用新能源和加快运输工具的更新换代就是很好的环保措施。

发展第三方物流。第三方物流是相对于第一方物流和第二方物流而言的，它主要为客户提供合同、结盟等物流代理服务。因为第三方物流主要为物流企业提供各方面的物流服务，所以他比企业有更多的精力和时间去考虑如何使物流更加合理运作，具体表现在简化运送环节、提高运输效率、减轻企业负担和环境压力等等。第三方物流的应用与发展可以说是物流发展和完善的一个表现，它的出现使大城市用于物流运输的车辆大为减少，会使物流向更专业的方向发展。

2. 绿色包装

绿色包装，顾名思义就是使包装环保化，在节约资源的前提下对产品进行包装。绿色包装的核心价值观就是节约资源与保护环境。在包装技术上可以使用污染低、可降解的产品作为包装材料。在手段上尽量使包装简化，实现包装的合理化。

包装模型化。像制作模具，可以明确包装尺寸和规格，对于不合尺寸的小型商品可以进行组合包装以利于仓储和运输，这样做的目的不仅仅是方便运输，规格统一化以后还利于管理，也利于实现物流运输和管理系统的合理化和现代化。

包装大型化。港口运输大多采用集装箱运送，这种机械的运输方式不仅减少包装程序而且极大地提高了作业速度。绿色物流也可以借鉴这种运输方式，可以采用集装箱、集装袋进行大型包装，这样省去了包装的材料和人力，减少了包装费用，为企业降低了成本，增加了效益。

循环利用。循环经济是当前可持续发展战略下的一种新的经济发展模式，其主张废弃物循环利用。绿色物流也应该有“循环经济”的思想。物流运输过程中，货物发送到客户手中后会出现大量的包装垃圾，但是有些包装物并没有破损，完全可以再次利用。如包装袋经过清洗后，可以再次包装。所以，物流企业可以成立包装材料再利用部门，专门进行这方面的工作，使包装多次、反复利用。这也是企业实现经济效益和生态效益的一种途径。

加强创新。创新是一个国家和民族进步的灵魂，是一个企业长盛不衰的动力。现代绿色物流也要注重创新，主要表现在包装材料和手段上，在保证包装质量的基础上发挥想象力进行大胆创新。通过材料和手段的创新，争取实现用最少的材料包装最多的产品。

3. 流通加工

流通加工就是提高物流效率和物品利用率。一个物品从生产到使用，并不是那么简单，而是需要经过分类、包装、计量、组装、贴标签、检验等一系列环节。由于流通加工具有生产性，所以我们可以在物流运输过程中加大环境保护。首先，流通加工可以提高加工效率，可以通过大规模加工也就是集中加工，提高资源利用率，减少污染源，如取消“小作坊”。其次，流通加工能够方便用户，一方面省去了加工的程序，降低了加工费用，为用户节省了人力、物力；另一方面，通过对废料的集中处理，净化了空气，减少了环境污染，使用户不必面对垃圾的困扰，为他们的生活提供了一个舒适的环境。最后，流通加工提高了加工质量，为客户提供更满意、更优质的服务。

4. 废弃物管理

众所周知，生产的同时必然会产生废弃物。随着经济发展，经济规模不断扩大，废弃物的“产量”也随之增大。尽管说垃圾是放错地方的资源，但废弃物的回收仍然是件艰巨的工作。虽然人们采取了一些措施，但从废弃物增加的速度上看，这些措施是远远不够的。废弃物如果处理不当，不仅会造成资源浪费，更重要的是我们的生存环境将不断恶化。这也从反面向现代物流提出要求：提高资源利用率，保护生态环境。

对物流运输过程中产生的废弃物的管理，就是为了满足上述要求。绿色物流不只包括单方面对废弃物的处理，还应该包括对加工、运输、储藏等方面产生的废弃物的处理。这就要求，有条件的企业可以建立一个回收站，对经过系统处理后的垃圾进行回收。其实企业要做到这些并不难，只要不只考虑自身效益，把眼界放开阔些，考虑全局效益，追求效益的共同化，自然会做得更好。

## 第二节　战略物流成本管理模式应用

战略物流成本管理模式是一种基于战略成本管理的新型物流成本管理模式，包括物流战略定位及战略成本动因分析、战略物流成本预算执行和核算管理、战略物流成本绩效评估与方案改进，为企业将战略物流成本管理模式应用于实际提供了指导。

物流是企业竞争的关键因素，物流成本管理也成为企业成本管理中的重中之重。但企业现行的传统物流成本管理模式只是简单地对物流成本进行管理，仅仅实施核算、分析和控制等管理办法，并没有全局的管理思想，难以满足企业战略化管理的相关需求。

战略物流成本管理模式是一种基于战略成本管理的新型物流成本管理模式，能够有效地帮助企业管理物流成本，优化物流活动，减少物流费用，提升自身竞争力。但是，目前对于战略物流成本管理的研究尚停留在理论研究阶段，研究和探讨适合企业实际采用的战略物流成本管理模式的学者较少。因此，企业在实际经营过程中，如何应用战略物流成本管理模式来进行物流成本管理应成为研究的重点。

### 一、战略物流成本管理的基本原理

#### （一）战略物流成本管理的基本概念

战略成本管理最初被定义为企业为谋求长远的发展，通过制定长期的经营战略对企业进行成本管理的过程。随着研究的不断深入，战略成本管理被认为是贯彻企业的战略规划、实施、控制等阶段的一种企业管理方法，其通过全面详细分析企业内部的实际经营环境、外部市场环境、优惠政策等，正确制定企业的成本管理战略，为企业日后长远经营提供一个总体的方向。

战略物流成本管理是战略成本管理与物流成本管理结合的产物，即企业基于战略的高度对物流成本进行有效的管理和控制。

如今，物流作为企业新的管理重心，被视为企业重要的竞争因素。降低物流成本能够有效地降低企业运行成本，进而提高企业利润，最终提高企业的市场竞争力。但企业现行的物流成本管理模式与国外先进的企业相比还很落后，企业迫切希望能够实施一种先进有效的物流成本管理模式，而战略物流成本管理作为一种基于战略高度的物流成本管理理念也进入了企业管理者们的视野。

### （二）战略物流成本管理的特点

不同于传统的物流成本管理模式，战略物流成本管理是基于战略层面对物流成本进行管理，在企业总体战略和物流战略指导下开展的对企业各项业务全过程的物流成本管理。所以，战略物流成本管理模式应该具有动态性、外向性和长期性等特点。

（1）动态性。战略物流成本管理是基于企业的整体经营策略而实施的成本管理模式，但企业的经营策略并不是一成不变的，而是会随着企业自身发展状况和经营环境的变化而随时调整。因此，战略物流成本管理模式必须根据企业战略的变化而相应调整。

（2）外向性。战略物流成本管理更加重视对企业经营环境进行外部宏观和微观分析，强调物流成本管理必须适应企业外部整体的经营环境，而不能单纯地在企业内部进行物流成本控制，忽略外部环境因素的作用。

（3）长期性。战略物流成本管理是一个长期的过程，追求的是企业通过合理的战略规划，在较长一段时间内保持一定的竞争优势。它不仅立足于现在的企业环境，同时还关注潜在的竞争对手，放眼于企业未来的发展前景，通过制定长期战略来实现企业的长远发展。

### （三）战略物流成本管理的流程

战略物流成本管理的具体流程为：在开展物流成本管理时，首先应用物流成本动因分析，找出物流成本管理的重点，确定物流业务在企业战略中的定位；接下来采取物流成本预算执行和核算管理系统对企业物流成本进行管理，通过对企业物流预算成本的确定与具体物流作业的成本分解来达到对物流成本进行有效控制的目的；最后是物流成本方案的绩效评估和改进，通过物流成本核算的相关信息对当前物流成本方案中存在的问题进行改进，使其得到进一步优化。

战略物流成本管理并不是一次完成的，而是一个循环的过程，每一次的方案都要通过目标成本法的实施与验证，经过改进得到一个新的方案，然后重新实施与验证，如此反复进行才能够达到基于战略有效管理物流成本的目的。

## 二、物流战略定位与战略成本动因分析

企业战略的制定与物流业务定位是整个成本管理流程的第一个环节，也是最重要的一

个环节。正确的企业战略和合理的物流业务定位是实施物流成本管理的重要保证。

## （一）企业物流业务战略定位

企业经营战略是企业运行的核心，它确定了企业的发展方向，为企业规划提供重要的指引，任何企业活动都要基于企业的战略而实行。因此，在实行战略物流成本管理时，必须明确物流业务的具体目标定位，才能有效地将企业物流战略与具体的成本管理措施相结合，而准确的宏观及微观环境分析以及正确识别自身资源与能力是进行企业物流业务目标定位的重要保证。

具体而言，在制定企业物流战略之前，应该进行宏观环境分析、企业资源能力分析、外部价值链分析、SWOT 分析，然后综合这些信息确定企业物流战略总体方案。

宏观环境分析主要是对企业外部环境进行分析，企业制定战略必须适应企业外部经营环境，企业外部经营环境主要有：政治法律因素、经济因素、社会文化因素以及技术因素。而微观环境分析主要是对企业的竞争对手能力、自身产品或服务特色、消费者的购买能力等进行分析。

企业资源能力分析主要是识别企业目前的资源配置和企业的实际生产能力，在此基础上规划企业未来的发展方向。企业资源能力分析着重对企业资源、企业运营能力、企业核心竞争力进行分析。企业资源主要分为有形资源和无形资源，有形资源指厂房设备、原材料、运营资金等，无形资源指企业的品牌价值、消费者的依赖程度等不具备实体形态的资源。企业运营能力指的是产品生产能力、商品营销能力、售后服务能力等。

外部价值链分析应用于企业战略制定阶段，用来寻求和创造企业的竞争优势。在进行企业外部价值链分析时，首先应该识别出这个价值链中的关键资源环节，同时明确企业在整个价值链中所处的地位以及所发挥的作用。当价值链所拥有的资源为特色资源时，企业可以选择市场差异化战略，旨在提供差异化的产品与服务；当价值链拥有廉价资源或者高效的生产能力时，企业可以选择成本领先战略，旨在通过降低成本提供廉价的产品或者服务而获得竞争优势。

SWOT 分析是基于上面的几种分析方法所得出的信息，进行归纳总结，综合地概括出企业当前优势、劣势、机会、威胁，为企业战略决策的制定提供信息支持。

## （二）企业物流成本动因分析

在制定物流战略时，不仅要立足于企业总体经营环境，还应该结合具体的物流系统内部成本动因进行分析考虑。

物流系统内部成本动因指的是位于物流系统内部的、自身变化将对物流成本产生影响的因素。通常将物流系统内部成本动因分为投资性成本动因和经营性成本动因。

（1）投资性成本动因。投资性成本动因通常是物流系统在规划建设时产生的，这类动因进行优化改进的费用很大，调度难度也较大，因此一般不对其进行过多调整。投资性成本动因包括物流系统的设施位置、物流设施的技术水平、企业物流业务规模等因素。

投资性成本动因从纵向维度影响物流成本，例如选择建设完善的物流信息系统、引进行业内先进的物流设施与物流技术都会使物流系统的初期投资大大增加，但这些先进的技术与系统在日常运营中将会减少企业管理费用和物流作业费用。因此，调整投资性成本动因主要是物流系统初始投资阶段的建设成本与企业经营过程中的运行成本及管理成本平衡的问题。

（2）经营性成本动因。经营性成本动因是经营过程中产生的一些影响物流成本的因素，经营性成本动因比投资性成本动因更容易进行调整，且调整的成本通常远低于投资性成本动因。一般来说，经营性成本动因包括物流资源利用率、物流人员素养、物流作业质量等。

经营性成本动因在横向维度改变着物流成本。例如，一直致力于提高物流作业质量，可以减少物流作业失误带来的成本损失，并为后续的运输带来便利，但是会极大地加重对物流作业设备与作业人员的消耗，增加额外费用。所以，物流系统中各项物流作业的成本权衡是调整经营性成本动因的主要因素。

### （三）基于成本动因的物流战略优先级确定

企业的物流总战略之下往往存在多个次级战略，次级战略之间通常是按照支撑总体战略的程度不同来进行资源分配的，而分配资源的顺序便是这些次级战略的优先级。

对物流成本动因分析是为了确定企业物流战略中各个次级战略的优先级。例如，当企业的物流设施落后、物流作业人员专业能力不足导致物流费用较高，从而影响了企业盈利时，应该将改进物流设施设备水平、提高物流作业人员的素养置于企业战略中的优先地位，只有这样才能够降低企业物流成本，提高企业竞争优势；当导致企业物流作业成本较高的主要因素是物流作业质量低下，引起后续作业如包装、运输、存储等出现费用升高时，应该将提高物流作业质量置于企业物流战略中的较高优先级。

此外，物流成本动因分析所确定的战略优先级还将影响企业在物流成本预算管理系统中的总体预算设置。例如，在将改进物流设施设备作为企业高优先级战略后，在设置预算时应充分考虑投资购入新物流设施的预算，优先满足这部分战略的预算需要。

## 三、战略物流成本预算执行和核算管理

### （一）战略物流总成本预算

在完成企业物流目标战略定位和物流成本动因分析之后，接下来是物流业务的具体执行和物流成本的管理。在战略成本管理理念下，通常采用物流预算管理系统来管理物流成本。物流预算管理系统是通过确定物流预算成本并在此基础上进行成本管理与评价的方法。

应用物流成本预算管理系统进行物流成本管理，首要任务是确定物流总预算成本。在

战略成本管理模式下，物流总预算成本的制定有三个总原则：（1）要从物流服务的全生命周期进行考虑，不能单纯从某一环节开始；（2）物流预算成本的制定要服从物流业务在企业战略中的定位；（3）在确定目标物流成本时，企业应该结合自身实际经营状况、资源配置以及预期利润等因素综合考虑，合理制定物流总预算成本。

具体而言，物流总预算成本的确定应该按照以下步骤进行：首先，企业应该结合其所在的价值链进行分析，在此基础上对系统总体物流成本进行估计。在企业战略制定的阶段，已经进行了价值链分析，企业已经对自身所在的价值链有了相对明确的认识，因此在这个基础上对顾客接受最终产品之前的所有物流费用进行估计就比较容易。然后，依照相关产品的特点以及企业在整个价值链中所承担的职责与作用，估算出在系统总体物流成本中企业实际承担的费用。最后，结合企业计划的预期物流目标利润初步设定目标物流成本，并将其与同行业的优秀企业进行比较分析，寻找其中的不同以及对应的原因，对初定成本进行调整后最终确定企业物流目标成本。

此外，物流总预算成本也并非一直不变。当物流技术、经营环境等发生变化时，物流预算成本也可能随之发生变化，同时物流预算成本也随企业战略的改变而改变，因此目标物流成本的制定是一个长期的循环过程。

### （二）物流成本分解与执行

企业确认物流总预算成本之后，需要对物流成本进行分解。在分解物流成本时，应考虑包括采购、运输、包装、仓储等在内的所有物流环节。分解物流成本的目的就是在物流总预算成本的框架下，使物流各个环节能够得到合理的成本分配。

物流预算成本分解流程包括五步。第一步，分析企业的作业活动和物流环节，从中找出所有的物流活动。第二步，将上一步中识别出来的物流活动进行分类，分为对内物流作业和对外物流作业。对内物流作业是指在企业内部完成的物流作业，对外物流作业是指连接企业内部物流作业和对外服务或者全部在企业外部进行的物流作业。在进行物流成本分解时，分解对内物流作业与对外物流作业成本的原则是不同的。对内物流作业注重内部作业的快速化和成本最低化，而对外物流作业讲究的是作业质量和客户满意度的提高。第三步，在正确区别两类物流作业之后，按照两类作业的不同分解原则进行物流成本的分解。第四步，按照作业单位，将已经分解的物流作业成本汇总。第五步，根据各作业单位汇总的成本，分析其与该单位的资源配置以及作业能力是否相适应，若不适应则重新从第三步开始进行物流成本的分配，然后再次汇总分析是否相匹配。

### （三）物流作业的执行

完成物流成本的分解后，接着是物流作业的执行。战略物流成本管理模式下的作业执行不同于传统模式，在战略物流成本管理模式下，物流部门不单单是为了执行作业，而是在执行物流作业的同时，以该作业所分解的成本为要求，确定物流战略符合该部门在战略中的定位。

比如，就货物配送而言，传统物流成本管理模式下只需要根据配送单开展配送作业，不需要考虑物流作业对其他部门或者物流活动产生的影响；而战略物流成本管理模式下执行物流作业则需要考虑全局，避免作业的执行对其他的物流作业产生不利影响。

### （四）物流成本的核算与分析

物流成本的核算是一个复杂的过程，在核算之前需要对整个核算过程进行仔细规划，确保核算过程顺利进行。战略物流成本管理模式下的成本核算，不仅仅是为了简单地确认物流活动所产生的成本费用；更是为了通过分析相关成本数据，为接下来的物流活动优化提供数据支持。

物流成本核算与分析通常有以下几个步骤：第一步，确认消耗资源的种类。进行成本核算首先应该确定核算的对象，正确识别成本核算对象是进行成本核算的基础。第二步，确认物流活动。“产品消耗作业，作业消耗资源”，在进行物流成本核算之前，应该明确企业所进行的物流活动。不同的企业所拥有的物流活动是不同的，在识别物流活动时，企业应根据自身实际经营情况定义物流活动。第三步，确定物流成本。根据确定的资源种类和物流作业活动，将资源消耗按照物流作业归类，最后完成物流成本的核算。第四步，根据物流成本核算信息，进行相关分析，提取有用信息。

## 四、战略物流成本绩效评估与方案改进

### （一）战略物流成本绩效评估

在企业实施战略物流预算执行和核算管理系统后，需要不断地对物流成本方案进行改进，这就需要对战略物流成本绩效进行评估。

战略物流成本绩效评估是一种将物流作业实际成本与预算目标成本和对作业贡献度进行对比的分析方法，其目的是为改进企业物流成本方案提供全面详细的数据支持。

具体而言，企业战略物流成本绩效评估主要是对企业物流作业实际成本与预算目标成本进行比较，同时结合物流成本对物流战略的支撑程度判断其实施的结果是否达到企业战略预期的目标。在进行评估时，不能单纯地将物流活动的成本与预期的成本进行比较判断，还应结合物流活动的实施效果进行综合分析，即出现成本差异时，应该判断该差异是有利差异还是无效差异。比如，当成本核算之后发现企业的运输成本大于预期成本，但超出的运输成本却减少了运输时间，提高了顾客满意度，此时该差异为有利差异，不能简单地要求减少运输成本，而应该调整目标成本。又如，当企业运输部门为了完成目标成本而选择降低运输质量来减少物流成本，导致顾客满意度降低，此时这种成本降低是无效的成本降低，对于这种物流费用的降低应该反复考虑是否合适。

### （二）物流成本方案改进

对于战略物流成本绩效评估中出现的问题，企业应该有针对性地对每个问题进行改进，主要从以下三方面着手：

（1）优化物流流程。物流流程的最优状态是在整个物流流程中，所有的作业与环节都以最经济的方式进行，并且能够满足企业与顾客的需求，达到最大的效益。但是，实际中这种最优状态是难以实现的，只能在企业的不断优化中接近这种最优状态。因此，物流流程的优化对于企业来说是十分重要的。

物流流程的优化必须在满足各个环节顺利运行的基础上进行，通常有以下方法：一是作业优化，即在原有的流程中进行作业优化，去除无效作业，加强重要作业环节的地位。二是对原有流程优化，即对不合理的环节进行调整，如改变相关流程的顺序等，使得新的流程更加合理有效。三是重新设计新的物流流程。在原有的流程难以正常满足企业需求且无法优化解决时，重新设计合理的物流流程。

（2）优化企业间的关系。处在同一条价值链上的企业如同一个整体，彼此之间的利益息息相关，只有真诚合作才能实现共赢。战略物流成本管理模式下的企业关系应该是亲密无间、共同进退的，企业应该与上下游企业加强物流业务联系，在战略层面实现合作，而不是对抗竞争。

（3）改良物流技术。物流技术决定着作业速度和作业效率，在引进物流技术时，应该结合企业自身实际需要和资金状况，选择最适合自身发展需要的技术。如果盲目地追求先进的物流技术，将会导致物流成本大幅上升，与降低物流成本的本意相悖。

战略物流成本管理模式是一种将物流战略带入物流作业层的新型的成本管理模式，该模式以企业物流战略作为物流成本管理的核心，并通过物流成本预算管理系统进行企业物流成本的核算和控制。本节仅在理论层面探讨了战略物流成本管理模式，在未来的研究中，研究者可以探究战略物流成本管理模式下的物流成本核算、控制的具体措施，同时还可以除研究单个企业的战略物流成本外，研究在企业间共同合作战略下的企业协同物流成本管理模式。

## 第三节　智能物流管理系统在煤矿中的应用

本节基于对煤矿作业物流运输的简单了解，阐述智能物流管理体系在煤矿中应用的必要性，以射频识别技术为系统构建依据，对其应用于矿山辅运管控和物资链管理两方面进行深入研究和探讨，实现对煤矿产业物流运输的有效管控，从根本上提高煤原料的运输质量和效率。

在大数据背景下，随着“互联网 +”和人工智能时代的到来，我国煤矿产业逐渐与现代化信息技术相融合，加之应用智能物流管理系统已经成为现代物流发展的主要方向，因此，要实现二者的高效融合，需在原有基础上进行优化创新，为煤矿企业发展奠定良好基础。

## 一、智能物流管理系统在煤矿中应用的必要性

煤矿行业指的是以开采煤炭资源为主的产业形式，其自身存在的危险性和限制性不容忽视。通常情况下，煤矿开采与消费企业分布比较分散，而且开采位置大多处于偏远地区，先进的设备与物料很难进行有效输送。在实际开采过程中，煤矿开采面积范围较广，内部物流运输存在较大阻碍，而智能物流管理系统的应用，能对物流运输工作的各个环节起到监督作用，同时还有效减少了人力、物力和资金的成本投入，满足了现代化社会发展趋势，促进煤矿企业发展逐渐呈上升趋势。

## 二、智能物流管理系统在煤矿中的具体应用

### （一）应用于矿山辅运管控

射频识别技术是21世纪最有发展前途的信息技术之一，同时也是物流信息化的重点应用技术，其可以通过对高速运动物体进行动态识别，有效实现设备生命周期内的全过程管理。将其构建的智能物流管理系统应用于矿山辅助运输管控业务中，主要包括管控系统与装备、辅助运输管控一体化两部分。

第一部分，管控系统与装备。煤矿物流运输中主要应用以下四种设备，分别是机车、胶轮车、无极绳绞车和轨道。首先，机车监控保护装置主要是基于汽车通信总线技术，通过智能化汽车仪表数字化界面显示对目前工况的监测以及对机车处于停车状态的保护，然后通过管理系统中的雷达影像技术对泊车安全程度、机车运行里程和耗油量进行统计和分析。与此同时，智能物流管理系统还可以对机车后期的运检维修进行有效管理，主要依托无线通信网络，对运行工况进行监测，并通过无线通信对现场状况调度和指挥，切实实行对煤矿机车全生命周期的运维管理工作。其次，机车是轨道车辆运输的一种牵引设备，具体轨道系统机车可分为电机车和内燃机车，针对轨道运输监控时，智能物流管理可针对机车种类及参数的不同进行具体的运行状态监测，在此基础上，系统内还设有连锁、闭锁的控制装置，同时沿线内侧还安设了通信和信号装置，便于当机车速度过快或运行不稳定时对管理系统发出防撞预警。再次，对于胶轮车的运输监控主要针对其运行状态，在此基础上还需对运行过程、具体物流情况进行交通调度管制，做好相应的任务调度管理。最后，对无极绳绞车控制需安装可逆软启动器，在平常操作过程中根据实际需求适当地进行变频调速，避免出现通信漏泄的情况。

第二部分，辅助运输管控一体化。其主要分为应用层、传输层和感知层三个层次。应

用层主要是通过数据中心传出的信号分别传导至具体各级，主要有煤矿调度指挥中心、运输调度与车辆运维中心，最终输出到物资仓储中心，为接下来的物流运输工作提供理论数据支持；传输层可分为两部分进行传输工作，一部分是地面工业光纤环网，另一部分是井下工业光纤环网，二者通过核心交换机进行具体操作；感知层通过信号传输对相应车间进行信息告知，将具体的工作流程进行有效划分并投入具体工作环节中，在此基础上，还需针对其从采购到后期运检维修等工作进行设计方案的整合规划并进行智能化管理和控制，由此形成辅助运输管控一体化系统的具体操作模式。

### （二）应用于物资链的管理

从目前状态看，煤矿产业物资链管理仍存在某些问题，比如在信息建设、仓储管理及运输管理等方面，具体包括信息系统不能与其他智能化系统进行有效连接、单据传递过程中极易产生阻碍、各种信息没有进行有效整合、设立标签不明确等。在射频识别技术应用时，可应用智能电子标签，在保证设备在生命周期内具有唯一性的同时，有效对电子标签进行动态识别，从而在整个仓库管理过程中对货物进行实时跟踪，进一步掌握物品目前状态下处于仓储管理的哪个环节，进一步提高物资链的连接性和仓库管理效率，切实达到降低管理成本的目的。

要针对不同方面进行重新整合规划，对相应操作流程进行梳理，进一步优化仓储和物流管理系统。在信息建设方面，需设立一站式的物流平台，对相关人员的角色和权力进行细致划分，将不同系统内的信息通道进行融合，实现信息采集的及时性和有效性，并在原有基础上实现信息化升级，对系统内不同业务功能进行整合优化，进一步提升智能化系统的运作效率和自动化、信息化建设水平。使仓储信息化系统构建时，能按照步骤流程快速找到需要的目标物资，并盘点物资和办理相关手续。在此基础上，需在关键位置安装射频识别读写装置，比如运输车辆、出入库口等，进一步实现自动化盘点、入库、出库等环节，切实实现物品库存的自动化管理。物流信息化的实质就是针对物流的运转过程，对配送地点、交接权限进行有效设定，在运输过程中强化责任。为了避免出现物资滞留、积压等情况，可应用射频识别技术直接将出库物资进行下井。

综上所述，射频识别技术的应用能有效突出智能物流管理系统可视化的优点，将其应用于煤矿的各个环节能实现对作业流程及货物的监控管理，展现出煤矿物流运作的智能化、自动化特征，在原有基础上进一步降低了物流运输成本，对推进煤矿产业整体快速发展有积极作用。

## 第四节　物流管理中信息技术的应用

随着我国经济不断发展，信息化物流管理模式也在不断更新，这为信息技术在物流管理中的应用提供了良好的发展前景。近年来，我国通过大力推广信息化物流项目建设等有力措施，使信息化物流的发展愈来愈成功。信息技术在物流管理中的发展规模稳定增长，交易模式逐渐成熟。为了推动其进一步发展，政府部门还出台了一系列有关信息化物流的法律法规，全力确保信息技术快速应用。

目前，物流行业将信息技术合理应用到了物流作业的各个环节，全面实现了物流产业信息化、自动化、智能化和网络化的整体发展。物流信息技术的合理利用，从根本上体现了传统物流和现代化物流的区别，物流信息技术的使用标志着物流现代化时代的到来。

## 一、物流信息的特征

物流信息具有多样化的特征，在物流服务方面具有层次较多、批量较少、品种较多的特点。现代物流环节包含了加工、包装、装卸、运输、存储等各个流程环节，无论哪个环节，支撑其运作的方式都是信息技术，信息技术的应用使物流形成了涉及广泛、种类繁多的特征。物流运输具有一定的时效性和实时性。如果想要从根本上满足客户的诉求，就要接受具有批量小、种类多等特点的小额度业务。小额度业务最基本的特点就是不受时间和空间的限制，在运送至目的地、转变接收人的过程中，物流信息会随着地点、人物的转变而实时转变更新。在信息质量要求方面，物流在运作过程中需要社会各方面共同参与；在社会经济体中，社会市场、社会生产各个行业都与物流有着联系，物流活动的开展离不开社会各个领域信息的共享。

## 二、企业应用信息技术的意义

### （一）减少企业成本投入

在现代物流管理中，信息技术的应用可以有效调节价值链的各个环节，比如企业运输、采购、销售等环节，信息技术的应用可以将这些环节进行整合，减少一些不必要的环节或淘汰一些烦琐的环节，直接对货物信息进行管理，这种直接性管理可以有效减少企业成本投入，从而提高企业的盈利效益。

### （二）增强企业竞争实力

随着时代的快速发展，现代企业都开始引进信息技术。很多企业在合作时，双方会对彼此的资质和实力进行考察，电子数据交换能力就被作为考察企业实力的重要标准。信息技术对于企业供应链管理至关重要，健全的信息系统可以有效提升企业供应链管理的效率，是企业现代化管理的重要标志，也是增强企业竞争实力的有效途径。

### （三）提高企业供应链管理水平

企业管理中所涉及的部门和环节较多，供应链管理可以将这些环节联系起来，而在这个过程中信息技术发挥着重要作用。信息技术在供应链中的应用，可以有效提高供应链对市场的反应速度，还可以减少资源浪费，快速提高企业供应链的服务质量。因此，信息技术的应用可以有效提高企业供应链管理水平。

### （四）调动员工积极性

在现代企业中，货物的收发是常有的事，也是企业管理中较为混乱的环节，其需要输入货物信息、对货物进行分类，这些环节都需要人工完成，工作效率较低，而且容易出现各种错误。信息技术应用后，大大减少了人工操作量，调动了员工的积极性，减少了人工投入。

## 三、物流信息技术在物流管理中的应用

### （一）自动识别技术

在自动识别技术中，使用较为广泛的是条码技术和射频识别技术。条码技术是将各类商品的信息以一组规则排列的条、空和相应的字符组成的条码方式进行归类和总结，合理地将各个商品的条码打印或喷印于商品的外包装上面，在使用光电扫描仪器对商品条形码进行扫描时，会出现产品的相关信息，并且这些信息会直接存档于计算机系统中；射频识别技术是一项非触式的自动型识别技术，它的组成部分是电子标签、阅读器、天线三个部分，通过利用具有一定距离的传感器发射出的无线电波，读取录入在电子标签内的商品的信息，通过远程识别技术对货物的信息进行合理的识别和分类。物流企业在对进出库的货物进行记录时，要对货物生成一个物流条形码，条形码中录入产品的相关信息，避免仓库管理员对货物进行检查核实时出现混淆的情况。在对商品进行整理和出货时，管理员要遵循先进先出的原则，对库存商品进行合理调整，避免挤压碰撞等事故发生。

### （二）电子数据交换技术

电子数据交换技术的实质是处理商业或者行政事务时，按照公认的标准形成的结构化的事务处理或消息报文格式，从计算机到计算机的电子传输方法。物流电子数据交换技术合理地将不同的制造商、供应商、销售商等贸易合作者各自的生产管理、原料管理、销售管理、仓储管理等系统进行合理有效的结合，然后通过电子数据交换系统将所有的数据进行合理的交换，从根本上杜绝传统的单证处理时间长、效率低、时效性差的问题，全面实现对货物运输的实时追踪，确保数据传输过程安全、可靠、准确和便捷，全面实现物流控制和操作的电子化和信息化，降低了物流企业的运营成本，提升了企业的工作效率。

### （三）GPS 技术

随着信息化时代到来，很多人对GPS都不陌生。GPS就是全球定位系统，具有实时跟踪、实时定位、离线报警、分组查车、轨迹记录、远程控制、防盗反劫等一系列功能，完全实现了物流在商品运输中透明化管理和实质性保障。在运输过程中，客户可以合理利用GPS系统对货物的运输情况进行实时跟踪定位；与此同时，企业也可以利用GPS系统第一时间对货物的送达情况和车辆的耗油情况，以及货运人员的安全情况进行实时跟踪，保证出现问题第一时间获得信息。GPS技术使物流企业对物流车辆实施了科技化资源配置，实现了远程控制的根本途径，实现了对车辆运营成本的及时了解和掌握，保证了客户的财产，从根本上实现了公司利益的最大化。

### （四）GIS 技术

GIS全称为地理信息系统，是一种特定的空间信息系统。GIS系统是指在计算机硬件和软件系统的支持下，对整个地球表面或部分地球表面中有关地理分布的数据，进行合理采集、存储、管理、运算、分析和描述的技术系统。GIS系统中有很多人们生活中的实用功能，例如电子地图、设施定位模型、车辆路线模型和分配集合模型等。电子地图是物流管理系统的基础，与此同时，电子地图也是物流管理中的重要组成部分，物流企业在电子地图的作用下，综合利用设施定位模型确定了物流设施的主要位置，在此基础上搭建出了一条完整的物流网络，合理地运用GIS技术确定仓储中心和配送中心的位置，从根本上降低了运输线路的复杂化和多样化，全面实现了运输线路的简便化，一定程度上缩短了距离；综合地利用车辆路线模型，对运输车辆的数量和行驶路线进行最终确定，使货物运输中产生的额外费用逐渐减少，确保了货物运输中的最大利润和公司的最大利益。合理利用网络物流模型对各网点间的货物进行调度和分配是物流模式的最佳选择。

## 四、信息化物流产业的综合建设发展方式

### （一）制定合理的物流企业综合发展政策方式

要按照现代信息化的物流发展水平，在实际政策支持中，充分认识信息物流发展的重要性，明确信息物流快速发展的标准。要加强信息化产业的监督管理，消减消费者心中的疑点，进一步推进信息化水平提高。比如，信息化快速发展的过程离不开政府及相关部门的支持，要通过一定的政策方针，使物流产业的发展意义深入人心。要明确实际物流信息建设发展的趋势，依照信息化的综合发展进行机会分析，全面加强信息化物流的监督管理力度，推动信息化快速发展。

### （二）为良好的物流产业综合发展培养人才

良好的物流产业综合发展需要对相关因素进行分析，明确信息化操作建设的过程，对信息化专业人才培养工作进行管理。依托高校进行物流信息化管理人才的专项培养，逐步实现网络创新思维模式建设，明确实际商务信息管理技术过程中人才缺乏的状况，对人才缺乏的程度和受阻信息水平进行分析，逐步完善物流管理模式的建设。

### （三）物流成本的控制管理

在物流成本的控制管理中，需要依照企业的实际成本和总体成本水平进行分析，明确可以有效降低成本的因素。可按照社会快速发展的需求，从传统物流建设发展中获取可以充分满足社会增长的物流需求的标准，对物流信息建设水平进行转化和提升。现代物流信息的发展离不开物流产业信息的建设。物流信息技术各个环节作业标准要结合实际的综合应用发展水平进行分析，确定整体物流区域与传统物流之间的关系。要按照现代物流产业的综合水平，对信息技术进行提升，不断完善信息物流产业发展技术，依照物流信息的技术标准，开展有效的行业分析，促进物流业的整体提升。

随着经济不断发展以及世界经济格局不断变动，信息化物流的发展形势也在持续变化。从整体发展情况来看，信息化物流发展前景好，但目前内部区域间发展不平衡。由于其中涉及的知识系统庞大，因此还需要优秀的人才对其进行更系统、更深入的探讨分析，才能为信息化物流的未来管理模式指明方向，从而促进经济健康可持续发展。

## 第五节　条码技术在物流管理中的应用

为了更方便、快捷地服务人民，为人民的生活和工作提供更便捷的服务，条码技术应运而生，在日常生活中扮演着越来越重要的角色。本节从条码技术应用的现状、特点、应用前景等方面综合阐述条码技术在物流管理中的重要地位。条码技术的产生与大范围应用对推动经济发展产生重要作用。

随着技术日益成熟，我国的物流行业呈现出喷薄式发展状态，由此应运而生的数量控制难、信息采集困难等问题迫切需要新技术解决。条码技术作为一种将排列条、排列空以及各数字依据某些固有特点的顺序组合而成的新技术，完美解决了物流管理中新生的问题，并促进了物流行业向新的方向发展。

### 一、物流管理中条码技术的应用现状

20 世纪以来，我国逐渐打开国门，学习来自世界各地的新知识、新技术，自动条码

识别技术便在这样的一种社会发展状态下走入我国。对比亚洲其他国家，我国的科技引进一直处于前列，虽然落后于欧洲一些发达国家，但依然跟上了条码识别技术发展的风向，并且在我国科学家的努力下，相关技术取得了更大的发展。21 世纪初，我国发展起了由 120 家企业组成的庞大的相关产业供应商以及研发公司，他们不仅促进了条码技术在我国的推广，更完善了条码技术并推动其发展。

条码技术最主要的依据是不同的密度系数和排列条的不同宽度比。在 POS 技术方面，条码技术的地位无可替代，并解决了 POS 技术层面的难题，同时也增加了我国物流管理向现代化发展的速度。条码技术由以下四个方面组成：编码序列、标识符号、识别技术、管理技术。条码技术一般由一维码和二维码两种组成，但又可以细分为很多种形式。综上，虽然条码技术分类不同，但都是按照一定的顺序和规律分类的。

条码技术的优点有以下几点：第一，该技术的排序在条码制作过程中的工序简单；第二，扫码设备形式简单，操作方便，能够方便、快速、准确地完成工作目标；第三，信息采集工作需要的速度快、精度高、便携等要求，条码技术都可以完美地实现。日常生活中，条码技术已经渗透到方方面面，比如食品、药品、物流等方面。条码技术应用广泛、使用方便，已经成为我们日常生活中离不开的一部分，这也是该产业能够迅速发展的重要原因。

## 二、条码技术在物流管理中的应用特点

### （一）准确率高和灵活性好

传统的信息传递行业中，反反复复的信息传递与信息交流的过程中，总是因为某些人为或非人为因素丢失或者缺少信息。条码技术具有准确率高的特点，将条码打印下来，附着于产品、物品的表面，既可以反复扫描，又保证了信息不会丢失。相比于纸质材料或者纸质标签，条码技术将条码打印于产品的表面，即使经过折叠、摩擦等动作，也不会影响条码的扫描与识别，因此条码技术具有准确率高和灵活性好的特点。

### （二）优越性

首先，条码技术输入数据的速度快，同时输入 12 个字符，人工所用时间为 1.5 秒，条码技术输入时间为 0.3 秒。在工作节奏日益加速的现代生活中，条码技术显然比人工更适合。另外，条码技术用途广泛、实用灵活。条码技术不仅仅可以作为一种运用到生活中的单独的技术，更可以作为一个构件和相关条码识别设备构成条码识别系统对货物进行自动识别，从而识别出货物的类别和特性。例如：百货商店中，当一件商品的包装袋二维码处出现不可逆转的破损时，正常的条码识别器无法正常识别商品，但我们可以输入条码正下方对应的编码来准确找到该商品对应的信息。伴随着科技的发展，条码识别技术在未来的日子中会逐渐成熟，成本也会逐渐降低，较自动语音、面部识别、指纹识别等会拥有更广阔的前景。特别是较后者的运行费用高、初投资巨大、科技含量高等问题，条码技术的

经济性更被大众接受。

### （三）信息采集量大

由于科技日益发展、商品品种越来越多，传统形式下的一维码技术举步维艰，二维码技术应运而生。二维码补充了一维码的不足，并且解决了一维码解决不了的现实问题。比如，二维码可以比一维码采集更多的字符数量，二维码可以采集数以万计的字符；另外，二维码还可以采集图片。所以，如果可以将条码技术融入物流管理中，其特点可以在物流管理中完美应用。

### （四）二维码可以自动纠错

一维码在扫描过程中纠错的方案是采用特定的校验码。二维码相比一维码，更加便捷，性能也更加全面和人性化。例如：二维码在扫描设备扫描过程中如出现信息丢失或者扫描出现故障等问题，扫描仪器能够将全部的信息和条码完善修复，正是因为二维码采用和人造卫星相同的纠正错误的算法，才使得其拥有如此强大的纠错能力。

## 三、条码技术在物流管理中的应用前景

### （一）产品材料的存储

在种类繁多的商品中，运用条码技术既可以保持各类产品之间的独立性，又可以对产品进行合理分类管理。相关从业工作者对这些整理的数据进行统计分析，可以形成一定的工作组织，减轻了产品管理中可能出现的混乱问题，使产品材料的管理更加有序整洁。

### （二）企业的生产管理也依赖于条码技术

拥有众多环节的生产流程，从材料出厂到制作、加工等一系列制作工艺都离不开条码技术。条码技术使复杂烦琐的工厂生产过程的连接变得更加准确、便捷、高效，减少了各环节出现差错的概率，降低了生产的成本。

### （三）产品存储环节条码技术的应用

在仓库管理中，条码技术可以帮助相关从业工作者在货物出入库阶段进行清点和记录，使统计货物信息更加便捷、快速，以此缩短工作时间，提高工作效率。另外，使用条码技术还可以对货物进行精准定位和精准标识，方便查找和运转。

### （四）产品运输环节条码技术的应用

在物流运输中，传统运输业会产生大量的单据文件，需要进行人工登记，转运信息数目庞大，种类繁多，这些信息人为登记、检测、记录，增加了人工负担；条码技术可以帮

助工作人员快速、准确地录入相关产品信息，并且在货物物流单或是货物本上打印上相应的条码，通过对应的条码识别设备进行信息交互，减少了工作中的程序步骤，也增加了单据信息的安全可靠性，提高了工作效率，减少了工作时间。

如上所述，随着条码技术广泛使用，我国的物流管理水平也得到了大幅度的提高。在物流管理中运用条码技术，有效提高了相关工作者的工作效率，提高了物流行业的运转速率，保障了物流信息的完整性、准确性和实时性，加强了货物信息的传递效果。

## 第六节　电力物资集约化物流管理的应用

具体而言，物流管理的主要内容体现在三个方面：第一，管理物流活动过程中的各项要素，比如运输与储存等；管理物流系统中的各个要素，具体指员工、物品、财务、信息、设备与方法等；管理物流活动中的具体职能，具体指物流活动的计划、质量、经济以及技术等。对于电力系统而言，电力物资物流管理的对象是指需要运送的各种电力设备、相关物资，管理的过程是对物流过程中投入的人、物、资金、技术与信息制订合理的计划，针对该计划进行科学的组织与协调，对过程进行指挥、监控与控制，以保证与电力物流相关的各项活动实现最佳配合。

以大物流为基础才能够真正实现电力物资物流管理集约化。所谓的大物流即相关物资部门均参与进来，以集中储备结合分工储备的方式，合理管理库存物资，供应网络全面实行信息化管理；将各级单位的实际生产需求信息集合起来进行物资的批量采购与规模化供应，最终将物资成本控制在最低的水平，并达到控制成本的目的。通过静态控制与动态管理，在保证材料质量的基础上，对供应商做进一步优选，慢慢发展为新型的采购体制，优化采购流程，减少库存量，提高流动资金应用的科学性与合理性，将管理成本控制在最低。

### 一、电力物流管理情况简述

我国的经济体制经历了由计划经济到市场经济与计划经济并存，最终实行市场经济体制的过程，相应的电力企业物资管理的各级部门也经历了由材料供应科转变为材料供应科与物资公司并存，最终变革为物资部门的过程。国家电网建设直接关系到国计民生，在国家电力建设事业中，其物资供应与市场销售占据着重要地位。传统的电力系统物资管理部门存在着以下不足：第一，物资机构结构松散，存在交叉管理与多头管理的问题，所采用的也多是落后的管理手段，工作效率低下，缺少创新精神，职责与权利也没有明确的界定。第二，较高的物流成本以及落后的市场配送网络。第三，工作标准不统一，与其他企业与行业相比，信息化建设速度滞后，无法适应国家电网所提出的“一强三优”的要求。

实际管理过程中，电力物资物流管理涉及方方面面，物资种类繁多，规格各不相同，无论是电力企业的生产建设，还是相关业务经营，均与物资消耗息息相关，由此可见，实现科学的电力物资物流管理对于电力企业自身的永续经营与繁荣发展有着重要的现实意义。电力物流管理要以终端客户的需求为要求，该过程涉及电力企业经营的各个环节，包括发电、变电、输电、配电以及最终的用户用电。电力物流的含义具有多个层面的特征，首先，电力产品的特性比较特殊，“电”与其他有形的物资相比，并不是一个有形的实体，电力产品由生产到消费，存在一个完整的消耗过程，并且像其他生产有形产品的企业一样，要求低成本运营，实现经济效益的最大化。其次，无论是电力的生产还是物资供应，电力物流会对电力企业运营的各个环节发生作用，从发电、输电、配电、变电与用电的过程，都要加强电力市场的建设，最终将资源进一步优化配置，提升电力企业在其他能源产品中的综合竞争力。第三，电力物流需要进一步强化采购管理，从源头上实现降低流程成本的目的。

## 二、电力物资进行集约化物流管理的框架

无数企业的经营实践表明：管理模式关系到企业的生存和发展。现代企业要提升综合竞争力，集约化经营管理是一个有效的手段，这种科学性强的管理模式可以帮助企业做大、做强。集约化管理中的“集”即集中，其实质是把企业的有效资源进行统一配置，以在生产过程中使资源管理保持在最佳的状态；“约”顾名思义即节约，也就是各种管理行为要以节俭为主，要对企业经营的各个环节加以约束，降低成本，提高效益，最终提升企业的综合竞争力。对于规模不断发展、业务不断扩大的电力企业而言，提高资源应用效率，实现集约化管理是一条必行之路。要按照电力企业集约化管理的主要内容要求，对物资管理的实施细则和相关的工作制度做进一步的健全与完善。

实际管理过程中，实现物资计划管理，要根据县级供电企业的物资需求向项目管理部门提出具体的需求计划，项目管理部门对其合理性进行审核，通过后向县级物流服务中心提交申请，物流中心将物资需求进行汇总后，在第一时间内对口上报至市级电力局的物流服务中心，经过汇总统一后，再向上级公司的物资部呈报。在处理物资计划时，要根据企业相关的管理要求落实执行。如果物流产业创造一元产值，就可以为地方经济带来六倍的增长。国家电网公司下属单位拥有大批的支柱产业，比如电瓷电器、电线电缆以及建材等等，这些产业均会直接或者间接地受到电力企业的影响。由于传统的电力系统物资管理有一定的不足，再加上现代物流管理的冲击，国家电网公司接轨国际，提出了物资集约管理的管理模式，以提高物资管理水平，将物资的流转成本控制在最低点，提高流动资金运作的效率与效益，提升抵御大型经营风险的能力，将国家电网公司覆盖广、网络强的优势充分地发挥出来。

具体而言，电力物资集约化管理框架主要由以下两个部分组成：

其一，电力物流 ERP 系统。可以说，物流发展就是以 ERP 系统为基础的，其很好地

满足了物资集约化管理的需求。国家电网投入大量资金建设了先进的物资信息 ERP 系统，使得物流集约化管理有了系统性的保障：建立主数据平台，在全公司范围内实现物料主数据、供应商主数据和专家主数据的统一；建立 ERP 系统模块，将各类物资的相关业务数据搭建起来，实现了横向集成与纵向贯通交换平台。该物资管理信息系统可以实现物资计划、招标、合同管理、监造、仓储管理、专定管理以及供应商管理与其他辅助功能，以完善相关功能为基础，打造一体化的电子商务平台，构建一个高效、统一、科学、集中的物资管理体系。其二，硬件平台。硬件平台包括一站式服务大厅和中心仓库。国家电网公司的供应商数量众多，在电力材料供应方面有得天独厚的优势，丰富的产品与完善的体系，这些均是发展科学物流管理的坚实基础。

## 三、电力物资的集约化管理分析

### （一）强化物流功能

首先要将公司的优势充分体现出来，主动与物流企业加强联系，增加航运物流，广揽货源；其次要加快建设步伐，使物流服务的功能日趋完善，如区域中心仓库项目的建设；最后要加强企业内部的协作，提升整体的工作效率，提升服务质量，将服务发展的作用充分发挥出来。

### （二）进一步整合物流资源

近几年来，国家电网公司推行集中化规模采购的力度有所加大，取得了显著的成效。公司物资部门是其中的核心部门，而省公司物资部门则是枢纽，一些重要的物流节点为管理重点。现阶段，要做好集约化管理建设，重点要做好以下几个方面：第一，积极稳妥地推进集中采购制度；第二，物资标准化建设的脚步要加快，为集约化管理打下基础；第三，提高物资信息化管理的速度，为集约化管理目标创造有利条件；第四，采用严格的管理制度，将公司的引领作用充分发挥出来；第五，合理管理与配送管理等环节要进一步加强，打造现代物流网络；第六，加强供应商的管理，与各供应商达成稳定的供求关系；第七，对物资监造管理工作进一步强化，保证物资质量，提高交换速度；第八，考核与监察工作不能放松，保证各种管理制度落实执行；第九，对物资管理体系进一步完善，保证集约化管理的顺利实施。

### （三）优化物流建设

国家电网公司的物流市场依托物资部门，电力系统的管控盈亏、互通有无以及互补互利，共同打造一个一体化、现代化的物流产业。要实现物流成本的最小化，对企业经营环境进行优化，吸引更多的战略投资者加入进来，打造集物流、资本流以及信息流于一体的物流中心。

## 四、电力物资的集约化管理策略分析

现代物流的概念包括以下三个方面，即物流基础业、物流装备制造业和物流信息业，其体系十分庞大。市场竞争力体现在市场研究、开发、营销、创新与反应的能力上。现阶段，电力物资集约化管理的主要问题是：在全国范围内有约七万个银行固化在合同流程中，无法导入，也不具备筛选与补录的功能，查询过程费时费力。而且 ERP 系统的稳定性也有待解决，操作方面不够顺畅，所有的操作均离不开各个部门的配合与协调，工作效率十分低下。

对电力物资集约化管理模式进行优化可以采取以下策略：第一，提升信息的维护与整合。第二，提高在产业上的竞争力。第三，用自身优势抢占竞争力制高点。

物资集约化管理模式的提出，是国家电网公司实现集约化发展以及集团化运作的要求之一，也是电网实现“一特四大”的战略要求。要发展现代物流，一个重要的前提就是转变传统落后的管理模式，修改不适用的规章制度与管理方法，加大对电网工程建设的投入。加强集中管理，从整体上提高物资的管理水平，打造一个统一的、智能的、强大的电网，实现国家电网公司的经营目标。

# 第七节　基于商务智能的现代物流管理与应用

商务智能方案是从物流系统中提取数据、分析数据，为整个物流管理提供完整的视图，为现代物流管理中的决策提供依据。商务智能能够为现代物流企业带来三方面优势：一是能集成来自不同数据资源的多种数据类型；二是能提供从数据中发现新关系的能力；三是能极大地加强战术和战略决策及决策过程的精确性。

现代物流管理不仅表现为实物流动，更表现为对计划、控制等蕴含于物流过程中的无形管理的技术创新。商务智能通过对数据的采集、整理、挖掘和分析，为现代物流企业组织内的各层次人员提供信息，提高企业的决策能力，加快决策速度，确保决策准确，实现企业内部的远程管理；同时也为企业外部用户提供有效信息，共同分享销售、库存等商业数据，共同进行品类分析和管理，提升对外服务水平。

## 一、商务智能

### （一）商务智能的含义

“商务智能”这一术语，是 1989 年由加特纳集团的霍华德·德雷斯纳首次提出的，是目前在国外企业界和软件开发行业受到广泛关注的一个研究方向。随着商务智能的应用与发展，商务智能的定义被给予了更多的诠释。本节对商务智能的理解是：商务智能是企业利用现代信息技术收集、管理和分析结构化和非结构化的商务数据和信息，创造和累计商务知识和见解，改善商务决策水平，采取有效商务行动，完善各种商务流程，提升各方面商务绩效，增强综合竞争力的智慧和能力。

### （二）商务智能在现代物流管理中的应用

智能仓储管理系统。系统集成了入库、出库、货位和保管的实时和历史数据，构成数据仓库，为在线分析、处理和挖掘数据创造环境，从而有助于从业务数据中发现深层次的信息和知识，将非直观的、隐含的信息和知识以直观的形式描述，辅助领导层决策，使得物流企业对客户需求反应更快速，实现对商品进库量和出库量的动态管理，加快存货周转率，提高效益。

智能运输系统。应用电子识别和电子跟踪技术，依靠地理信息系统和无线射频技术对整个运输过程跟踪管理，为管理中心采集车辆、货物在途基础数据，提供沿途交通、道路状况信息，提供最佳路线和实时导航信息；为供应商和收货方提供货物预计到达信息、货物状态信息，从而保证货物全面、准确、及时地运送到客户手中。

个性化分析，识别具体的问题领域，从而采取措施，提高顾客的满意度。商务智能系统根据企业需要解决的问题，帮助企业建立相应的分析主题和分析指标，从业务系统的基础数据库中抽取需要的数据，按预先建立的业务模型进行分析，分析结果显示直观、形象。决策者只需简单的点取操作，便可以从商业职能强大的分析工具中获得所需的决策信息。物流企业可以通过商务智能对库存、采购、供应链绩效、配送最优路线、客户关系、财务等进行个性化分析。

快速查询信息。物流企业的各种数据分散于不同部门的各个数据管理的子系统中，甚至用户界面、支持系统也不一样，而且很多数据是未经加工和整理的，这给企业充分利用数据资源带来一定困难。只有经过提炼和挖掘，分析和处理的数据才能形成智能。通过商务智能，用户可以接入联网的关系数据，也能接入其他数据库，并且对数据进行整合、分析、挖掘，这样各层次的用户都能快速查询和利用这些信息，操作简单，能自动生成所需要的报表、报告等。

突破认知极限，多角度、全面进行决策分析。随着企业信息化的不断深化，企业日常业务生成了大量的数据，如订单数据、进出库数量、作业准确率、仓库面积利用率、运输配送数据等。但是，大部分用户对现有的数据除了一些简单的、局部的和单层次的查询外，都缺少对企业财务、业务进行全面、多角度的分析，数据的有效利用还不足，商务智能通过对数据萃取、加工、挖掘、切片分析，从多维度对数据进行全面分析，找出关键因素，为决策提供更准确、可信度更高的信息。

## 二、商务智能应用于现代物流管理的可能性和必然性

### （一）基于信息化商务平台的共同要求

现代物流的运作是以信息为中心的，信息不仅决定了现代物流的运动方向，而且也决定了现代物流的运作方式。在实际运作过程中，通过商务智能解决方案，可以有效地对现代物流实施控制。

### （二）商务智能为现代物流功能集成化、服务系列化提供了运作空间，提高了运行效率

现代物流企业可充分利用商务智能解决方案的巨大优势建立信息系统和网络平台，开展商品物流跟踪、客户响应模式，提供更加完善的配送和售后服务、更多的增值服务内容；商务智能分析运输绩效可利用高效的运输服务来减少运输成本。

### （三）商务智能能够改善数据的可见度，使现代物流管理的库存水平降低

物流企业运作效率低、成本高，决策缓慢是目前物流企业普遍存在的问题。目前，缺乏科学的物流管理方法和技术，导致库存过高，运输成本高，资金周转率缓慢等问题严重。

### （四）商务智能能够分析客户服务水平，更好地理解客户需求，识别现代物流管理中的关键问题，提高预测的准确性；使消费者需求逐渐向多样化、个性化发展

随着国民收入水平的提高，人们对物质产品的需求表现出多样化和个性化的特点，对商品品种、质量以及售后服务的要求越来越高。这对进货方式、配送产生了深远影响，订货周期越来越短，频率越来越高，配送要求也不断提高。与电子商务和全球化竞争相伴生的是客户对物流服务的要求变得越来越高，客户不但要求物流服务提供商按照他们需要的时间、地点和可以接受的价格提供物流服务，而且还需要更多地了解物流运营的各种状态。利用互联网对物流进行跟踪控制已成为越来越多客户的共同需求，他们希望通过网络随时掌握商品物流进程中各个阶段的相关信息，以便及时调整和优化物流决策。

### （五）商务智能改善供应链关系，增强供应链可见性，加强与供应链伙伴的合作，提高供应链的竞争力

现代物流联系着生产和销售环节。现代物流企业服务的延伸对物流信息的集成功能提出了更高的要求。物流企业不仅要做好内部管理工作，为企业内部从管理层到一般员工提供适时准确的信息，促进企业内部效率提高，同时还肩负着为企业外部用户如合作伙伴、供应商和客户提供及时、有效的信息资源，通过信息共享提升他们的价值的责任。

### （六）商务智能为现代物流企业人力资源管理提供有效的服务

人力资源管理意味着将员工方面的工作、信息与业务流程、策略集成起来，快速有效地把合适的人员配置在企业的战略举措中，支持进行全方位的“员工职业生命周期”管理，加强建立员工之间的关系，加强管理员工间的协同流程，确保人力管理工作“流程化”和“透明化”，能基于“实时”的信息快速做出关于员工方面的决策，把团队和个人的工作目标与企业战略统一起来。

## 三、商务智能应用于现代物流管理设计方案

面向现代物流企业的商务智能系统可设计为以下层次：源数据层作为系统的数据来源，包含企业已有的 ERP、CRM、SCM、EC 等系统中的数据，以及分析过程中需要的第三方数据，这些数据源本身可能是异构的和分布的。数据仓库层存储了分析所需的数据信息，可以从源数据层获取数据，建立面向主题的数据仓库（DW）和数据集市（DM），数据仓库管理器可以方便地使数据库管理员访问多个数据源、创建数据仓库的提取和转换过程、对过程进行检验、对提取和查询进行分析和调整，以及过程的自动化和监控等。分析技术层通过智能分析系统、数据挖掘工具和 JAVA 开发工具，提供了现代物流管理过程中所需的各种业务。应用层以图形用户接口（GUI）提供用户与系统交互，用户在这部分提出具体的分析需求，系统根据用户的需求选择算法模型和数据，并将分析的结果以丰富直观的图形、图表和报表等形式展示给用户。

## 四、商务智能应用于现代物流管理现状分析

### （一）现代物流企业信息化程度不高、缺乏对历史数据、海量信息进行分析的平台，无法形成科学的分析结果

目前大多数物流企业的电子化信息处理和应用能力都非常有限，在供应链伙伴协调运作、有效降低物流成本的过程中，全球定位系统（GPS），地理信息系统（GIS），物资采购管理（MRP）、企业资源规划（ERP）以及供应链管理（SCM）等管理软件在现代物流业中的应用更是甚少。

### （二）商务智能产品的实施与服务出现问题

商务智能由于在国内起步较晚，国际主流的商务智能厂商大都采用代理的方式进驻中国，代理商们恶性竞争，导致市场价格混乱，同一套系统实施下来，价格可能相差很大，甚至市场上还泛滥着盗版，产生了很多产品实施和服务方面的问题。国外商务智能软件往往因其昂贵的价格令客户望而却步，同时国外商务智能产品不太熟悉国内物流企业的运作

和发展状况，因此在国内水土不服，易出现各种实施和服务问题，使客户产生抱怨。而国内商务智能厂商虽然有熟悉中国国情的优势，但由于起步晚，技术、服务各方面比较薄弱，物流信息系统本身在绩效考核、决策支持、人工智能及专家系统等应用方面处于初始阶段，构架于网络上的基于 Internet/Intranet 开放系统的物流信息系统在物流企业中很少，因此产品难以让物流企业信服。

### （三）商务智能应用于现代物流管理缺乏统一的规范

商务智能实施的特点是数据一旦抽取整合到数据仓库中，商务智能的系统结构就相对稳定。数据仓库部分的理论研究与模型建立相对比较成熟；而数据的源头部分，由于其第一手数据是从 MIS、MRP、SCM、CRM、ERP 等基于业务处理的信息系统中抽取整合到数据仓库中的，而目前的这些基于业务处理的物流信息系统本身缺乏标准，各种原始数据的结构百花齐放、千差万别，同一个产品之间的不同模块，同一个模块的不同版本的数据都是不统一的。所以，对于商务智能系统在现代物流企业的实施，数据抽取整合的工作量非常大。

### （四）现代物流企业对企业的业务规则没有清晰的定义

业务规则决定了数据如何做关联以及通过商业智能系统驱动什么样的分析。如果不理解企业的数据，对企业数据模型没有任何概念，就不会投入资金去做任何数据挖掘、数据分析和商业智能的工作。

### （五）缺乏灵活的运输配送调度系统

物流合作的基础是交通运输，但纯粹的交通运输不是物流，它只是物流的平台和基础。物流实际上是依托于运输业基础上的商品流动、信息流动和资源流动。虽然目前交通基础设施网络已基本形成，但其相对全球经济发展需要，还比较滞后，货物运输渠道不畅，导致货物流动的规模总量较小，物流供给与需求都相当有限。

### （六）商务智能人才的缺乏

商务智能市场的发展潜力巨大，目前国内从事商务智能的企业非常少，再加上起步较晚，相应的专业培训机构还没有形成，导致国内缺乏足够的专业人力资源。目前，为数不多的国内商务智能企业中，绝大多数还只是在客户需要时，以商务智能系统集成商的身份兼顾一下。数据仓库、数据挖掘、商业建模等领域的人才相对缺乏，复合型的商务智能人才更是难觅，难以满足商务智能市场快速发展带来的商务智能研发、咨询、实施、维护等人力需求。

## 五、商务智能应用于现代物流管理的对策

### （一）理解业务，进行需求分析

商务智能可以用来帮助物流企业理解业务，认识哪些趋势、哪些非正常情况和哪些行为正在对物流企业业务产生影响。现代物流企业商业智能系统模型设计必须考虑企业高层管理者、各部门主管、信息管理人员等各方的需求。针对现代物流企业存在的问题，采集物流企业的各种信息，对客户信息管理数据、仓储库存管理数据、运输配送管理数据、财务管理数据等海量信息进行有效分析，为企业决策支持系统的建立提供必要的数据，为顾客价值分析、库存优化决策、库位安排、智能配送等提供基础数据。

### （二）实现具有高速度和可靠性的物流一体化管理

企业将精力集中在核心技能上，并根据性能价格比最优化原则，在全球范围内购买产品和运输服务，以最大限度减少库存（或达到零库存），同时减少销售渠道的非增值环节。现行物流业务是从单一的处理转向拥有分析和管理的综合系统。

### （三）运输职能部门和客户（或供应商、专业运输服务公司、客户）之间建立交互式物流信息系统

系统主要包括：订单处理、运输货物的信息（货物内容、特殊处理要求、起点和终点）、运输系统的信息（运输工具、运输路线、时间表、中转地点、存储中心、报关手续）等。

### （四）物流信息系统和物理分销网络的结合（或直达最终用户）

通过实施物流一体化战略，不仅可以大大缩短顾客获得产品的时间，零库存的目标也可能实现。基本的做法是，将交互式的物流信息系统和物理分销网络相连接，代理商可以根据性能价格比最优的原则，直接向供应商下单，通过最近的分销网络获得产品，或者采购零部件在分销点进行装配。

### （五）从信息流的上游到下游进行规范化整合

由于商务智能信息流的上游是异构的，而且数据往往分布在企业或机构的不同部门、不同分公司或营业部，甚至不同的国家和地区；更难但又很普遍存在的问题是，即便是同一个公司的不同部门、不同分公司之间，也采用了不同厂家的信息系统，各产品的搭配和组合还不一样，在这种现状的基础上，要实施商务智能，让系统能够满足这些错综复杂的异构系统，必须从“保证抽取整合之后的数据格式是统一的”这个目标着手建立系统架构，并且要做到点对点的分布式的异构到同构处理。因此需要研究对数据仓库的元数据制定一些规范的行业标准或国家标准。

### （六）加强对商务智能人才的培养，重视商务智能应用于物流管理

商务智能应用于现代物流管理所需的人才是一种复合型高级人才，这种人才既要懂商务智能，又要懂现代物流；既要懂技术，又要懂管理。对于目前商务智能人才匮乏的现象，一方面，可以引进人才，通过外来的高级人才满足我国现代物流发展的需要，同时带动物流人才水平逐渐提高；另一方面，可以派人出国学习国外先进的商务智能技术和经验，同时加强国内现代物流教育的投资和建设，为现代物流的发展提供并储备高级人才。

# 参考文献


[1] 宾厚，赵凤，王欢芳 . 现代物流管理合理化及创新发展模式研究 [M]. 北京：中国铁道出版社有限公司，2019.

[2] 陈明蔚 . 供应链管理 [M]. 北京：北京理工大学出版社，2018.

[3] 高见，高明 . 新时代物流管理与发展研究 [M]. 中国原子能出版社，2018.

[4] 广东省网络文化协会 .2016 广东省互联网 + 现状及发展大数据分析报告 [M]. 广州：广东人民出版社，2017.

[5] 黄刚，陈鹤天 . 物流大生态：构建新零售时代的电商物流模式图 [M]. 北京：机械工业出版社，2017.

[6] 李翠芝 . “互联网 +” 背景下物流活动要素管理及发展趋势研究 [M]. 北京：中国水利水电出版社，2019.

[7] 林慧丹 . 第三方物流 [M]. 上海：上海财经大学出版社，2005.

[8] 刘胜春，李严锋 . 第三方物流 [M]. 大连：东北财经大学出版社，2019.

[9] 马贵平，谢家贵 . 现代物流管理 [M]. 成都：西南交通大学出版社，2017.

[10] 平海 . 物流管理 [M]. 北京：北京理工大学出版社，2017.

[11] 苏杭 . 跨境电商物流管理 [M]. 北京：对外经济贸易大学出版社，2017.

[12] 孙浩 . 现代物流管理 [M]. 上海：复旦大学出版社，2014.

[13] 孙家庆，唐丽敏 . 供应链物流学 [M]. 大连：大连海事大学出版社，2016.

[14] 唐连生 . 物流运输与配送管理 [M]. 武汉：武汉大学出版社，2010.

[15] 陶杰 . 电子商务物流实训教程 [M]. 杭州：浙江大学出版社，2018.

[16] 汪朝阳 . 经济跨越式发展与管理创新 [M]. 武汉：湖北科学技术出版社，2014.

[17] 汪泓 . 现代物流管理创新发展和人才培养 [M]. 上海：上海交通大学出版社，2009.

[18] 王先庆 . 新物流：新零售时代的供应链变革与机遇 [M]. 北京：中国经济出版社，2019.

[19] 王雅华 .“一带一路”背景下我国物流管理发展研究 [M]. 北京: 中国水利水电出版社，2018.

[20] 王彦春 . 网购环境下的退货物流管理研究 [M]. 太原：山西经济出版社，2017.

[21] 胥义，王欣，曹慧 . 食品安全管理及信息化实践 [M]. 上海：华东理工大学出版社，

2017.

[22] 许国银，桑小娟，蒋淑华 . 物流管理新论 [M]. 南京：东南大学出版社，2014.

[23] 于宝琴等 . 现代物流技术与应用 [M]. 重庆：重庆大学出版社，2017.

[24] 张华，李凌 . 智慧旅游管理与实务 [M]. 北京：北京理工大学出版社，2017.

[25] 张喜才 . 物流产业链管理 [M]. 北京：中国商业出版社，2018.

[26] 周苏等 . 大数据时代供应链物流管理 [M]. 北京：中国铁道出版社，2017.

[27] 朱光福 . 企业物流管理 [M]. 重庆：重庆大学出版社，2012.

[28] 朱重生，段春晖，高飞 . 高职物流管理专业服务区域经济发展的研究与实践 [M]. 合肥：合肥工业大学出版社，2013.

[29] 邹龙 . 物流运输管理 [M]. 重庆：重庆大学出版社，2008.